禪家龜鑑卷上

一物이於此호니從本以來昭昭靈靈ᄒᆞ야不
生ᄒᆞ며不曾滅ᄒᆞ야名不得ᄒᆞ며狀不得대로
운거시이에이슈ᄃᆡ本來브터오매ᄇᆞᆰ고
물ᄀᆞ며靈코靈ᄒᆞ야잠ᄭᆞᆫ도나디아니ᄒᆞ
며잠ᄭᆞᆫ도滅티아니ᄒᆞ야일홈지티몯ᄒᆞ
며얼굴잡디몯ᄒᆞ리로다■一物ᄂᆞᆫ何物
고○古人ㅣ이圓相을그려빈서니와그
러나빈디몯ᄒᆞᆯ거슬구되여이리빈시도
다釋迦도외히려ᄒᆞ디몯ᄒᆞ시곤迦葉ㅣ
엇뎌傳得ᄒᆞ료儒家ᄂᆞᆫ一太極ㅣ라ᄒᆞ시
고道家ᄂᆞᆫ天下母ㅣ라ᄒᆞ시고佛家ᄂᆞᆫ一
物ㅣ라ᄒᆞ시니其實은좌이거슨翁向ᄒᆞᆫ
시니라배六祖이니르샤ᄃᆡ一物ㅣ이슈
[illegible]

선가귀감

우리고전 100선 25

선가귀감

2023년 5월 27일 초판 1쇄 발행
2025년 4월 7일 2판 1쇄 발행

지음	서산대사 휴정
편역	정길수
기획	박희병
펴낸이	한철희
펴낸곳	돌베개
편집	이경아
디자인	김민해·이은정·이연경

등록	1979년 8월 25일 제406-2003-000018호
주소	(10881) 경기도 파주시 회동길 77-20 (문발동)
전화	(031) 955-5020
팩스	(031) 955-5050
홈페이지	www.dolbegae.co.kr
전자우편	book@dolbegae.co.kr

ISBN 979-11-94442-16-5 04810
ISBN 979-11-94442-17-2 (세트)

우리고전 100선
25

선가귀감

서산대사 휴정 지음
정길수 편역

돌베개

禪家龜鑑

간행사

지금 세계화의 파도가 높다. 현재 진행되고 있는 세계화는 비단 '자본'의 문제이기만 한 것이 아니라, '문화'와 '정신'의 문제이기도 하다. 그 점에서, 세계화에 어떻게 대응할 것인가 하는 것은 우리의 생존이 걸린 사활적(死活的) 문제인 것이다. 이 총서는 이런 위기의식에서 기획되었으니, 세계화에 대한 문화적 방면에서의 주체적 대응이랄 수 있다.

생태학적으로 생물다양성의 옹호가 정당한 것처럼, 문화다양성의 옹호 역시 정당한 것이며 존중되지 않으면 안 된다. 그럼에도 세계화의 추세 속에서 문화다양성은 점점 벼랑 끝으로 내몰리고 있는 것처럼 보인다. 하지만 문화적 다양성 없이 우리가 온전하고 행복한 삶을 살 수 있겠는가. 동아시아인, 그리고 한국인으로서의 문화적 정체성은 인권(人權), 즉 인간 권리의 문제이기도 하기 때문이다. 그래서 우리 고전에 대한 새로운 조명과 관심의 확대가 절실히 요망된다.

우리 고전이란 무엇을 말함인가. 그것은 비단 문학만이 아니라 역사와 철학, 예술과 사상을 두루 망라한다. 그러므로 일반적으로 알려져 있는 것보다 훨씬 광대하고, 포괄적이며, 문제적이다.

하지만, 고전이란 건 따분하고 재미없지 않은가? 이런 생각의 상당 부분은 편견일 수 있다. 그리고 이런 편견의 형성에는 고전을 연구하는 사람들에게 큰 책임이 있다. 시대적 요구에 귀 기울이지 않은 채 딱딱하고 난삽한 고전 텍스트를 재생산해 왔으니까. 이런 점을 자성하면서 이 총서는 다음의 두 가지 점에 특히 유의하고자 한다. 하나는, 권위주의적이고 고지식한 고전의 이미지를 탈피하는 것. 둘은, 시대적 요구를 고려한다는 그럴듯한 명분을 내세워 상업주의에 영합한 값싼 엉터리 고전 책을 만들지 않도록 하는 것. 요컨대, 세계 시민의 일원인 21세기 한국인이 부담감 없이 '쉽게' 접근할 수 있는, 그러면서도 품격과 아름다움과 깊이를 갖춘 우리 고전을 만드는 게 이 총서가 추구하는 기본 방향이다. 이를 위해 이 총서는, 내용적으로든 형식적으로든, 기존의 어떤 책들과도 구별되는 여러 모색을 시도하고 있다. 그리하여 고등학생 이상이면 읽고 이해할 수 있도록 번역에 각별히 신경을 쓰고, 작품에 간단한 해설을 붙이기도 하는 등, 독자의 이해를 돕고자 하였다.

특히 이 총서는 좋은 선집(選集)을 만드는 데 큰 힘을 쏟고자 한다. 고전의 현대화는 결국 빼어난 선집을 엮는 일이 관건이자 종착점이기 때문이다. 이 총서는 지난 20세기에 마련된 한국 고전의 레퍼토리를 답습하지 않고, 21세기적 전망에서 한국의 고전을 새롭게 재구축하는 작업을 시도할 것이다. 실로 많은 난관이 예상된다. 하지만 최선을 다해 앞으로 나아가고자 한다. 그리하여 비록 좀 느리더라도 최소한의 품격과 질적 수준을 '끝까지' 유지하고자 한다. 편달과 성원을 기대한다.

박희병

책머리에

서산대사(西山大師) 휴정(休靜, 1520~1604)이라고 하면 임진년 일본의 침략에 맞섰던 노승장(老僧將)의 이미지가 먼저 떠오른다. 이에 더해 16세기 중반 짧았던 조선 불교 중흥기의 주역이자 조선시대 내내 위기였던 불교의 명맥이 오늘날까지 이어지는 데 핵심적 역할을 했던 분이라는 점이 좀 더 부각되었으면 한다. 조선 불교를 대표하는 선승이라는 관점에서 휴정의 대표 업적 중 하나로 반드시 짚어 보아야 할 책이 바로 『선가귀감』(禪家龜鑑)이다.

『선가귀감』은 제목 그대로 선가, 곧 불가(佛家)의 귀감이 될 글귀를 뽑아 만든 책이다. '선가'는 문자 그대로 풀이하면 '선(禪)을 공부하고 실천하는 사람들의 집단'이다. '선'(禪)은 '명상'(冥想)으로 번역되는 산스크리트어 '댜나'(dhyāna), 혹은 팔리어 '자나'(jhāna)의 음을 취해 '선나'(禪那)라고 표기하던 것을 줄인 말이다. 이 책에서 특별히 강조되는 말이 '선정'(禪定: 명상을 통해 드러나는 삼매三昧)이니, 제목의 첫 한 글자에 이 책의 요체가 담겨 있다고 해도 좋을 듯하다.

『선가귀감』의 본문은 대개 석가세존의 말씀을 기록한 불경과 과거 선사(禪師)들의 어록(語錄)에서 가져왔다. 휴정은 부처의 마음을 헤아리고 싶지만 드넓은 대장경의 세계 앞에서 들어갈 문을 찾지 못하고 있는 이들을 위해 절실한 말을 뽑고 자상한 풀이를 달아 이 책을 완성했다. 불자와 중생을 위한 불교 입문서 성격의 선집을 편찬한 셈이다. 이후 이 책은 조선 후기는 물론 오늘날까지 여러 차례 재간행을 거듭했고, 일본에서도 17세기 이래 20세기 초까지 여섯 차례 이상 간행되면서 불자들의 교과서 역할을 했다.

'입문서'라 했지만 역자의 근기(根機)로는 이 책의 본문을 읽기가 쉽지 않았다. 문자로부터 벗어난 '최후의 한마디 말'에 이르는 지난한 과정의 시작점으로 삼을 수 있기에 입문서라는 것이지 초보자를 위한 기초 해설서와는 거리가 있다고 느꼈다. 그럼에도 휴정의 주해를 따라 읽으며 나는 무엇에 '집착'하고 사는가, 어떤 망집(妄執)에 사로잡혀 있는가 질문을 거듭 던지다 보면 무엇인가 어렴풋이 잡힐 듯 말 듯한 것이 있었다.

역자는 어려서부터 불교를 친근히 여겨 왔고 부처님 말씀을 좋아했다. 그러던 중 20여 년 전 지극히 개인적인 경험에서 언젠가 부처님을 위해 불경 한 권을 쉽게 번역해 보리라는 소망을 품게 되었다. 이 책의 번역은 그 기초 소양을 쌓기 위한 공부의 과정에서 이루어졌다. 기존의 번역과 연구를 두루 참조하며 최대한 쉽고 명료하게 의미를 전달하고자 했으나 여러 곳에서 역량 부족을 절감했다. 독자 여러분의 도움을 받아 무지로부터 비롯된 오류를 바로잡아 가는 한편 차츰 '나를 향한 공부'를 넓혀 당초의 발원(發願)을 이루게 되기를 희망한다.

2023년 5월 부처님 오신 날을 맞으며

정길수

차례

004 간행사
006 책머리에
020 일러두기

341 해설
359 휴정 연보
365 찾아보기

021 서문

1장 어떤 물건

025 1. 어떤 물건
030 2. 바람 없는 바다에 일어난 물결
033 3. 언어로 설파할 수 있다
036 4. 이름에 집착하지 말라

2장 두 갈래 길

041 5. '선'과 '교'
044 6. 입과 마음
047 7. 생각을 끊으라
049 8. 가진 것을 찾아 헤매다니
051 9. 미친 마음
052 10. 허공의 꽃
055 11. 마(魔)의 땅
057 12. 중생의 마음
060 13. 청정한 본성
062 14. 청정도 망이 된다
063 15. 마음이 곧 본성
066 16. 거울과 그 빛
067 17. 집착의 근기

072 18. 부처의 말씀과 조사의 가르침
074 19. 활과 활시위
077 20. 출신활로

3장 참선

083 21. '활구'를 참구하라
085 22. 닭이 알을 품듯
087 23. 마음의 길
089 24. 참선의 요건
091 25. 목숨을 놓을 곳
094 26. 큰 의심 아래 큰 깨달음이 있다
096 27. 생각할 수 없는 곳까지
098 28. 모기가 무쇠 소를 뚫고 들어가듯
099 29. 현악기를 조율하듯
101 30. 팔만 사천의 마군
104 31. 번뇌의 마귀
106 32. 안광이 땅에 떨어질 때
107 33. 반조
109 34. 마음이 목석같은 사람

4장 미혹

113 35. 부처를 거꾸러뜨렸는가
118 36. 말만 배우는 무리
119 37. 마음에서 생각이 떠나면
121 38. 원인과 결과를 떠난 법
122 39. 마음을 비우고
123 40. 미혹이 일어나는 이유
124 41. 미혹은 근본 없는 것
126 42. 자신을 낮추지도 높이지도 말라
129 43. 깨달음과 미혹

5장 헛됨 없는 돈오

133 44. 이치를 단박에 깨쳐도
135 45. 바른 지견
136 46. 머무름 없는 마음
137 47. 바른 눈
139 48. 마음을 모르면
141 49. 헛됨 없는 돈오
143 50. 실 끊어진 꼭두각시
145 51. 불법은 본래 얽매임이 없으니
146 52. 바른 법을 찾는 것이 사악함이다
147 53. 송장 지키는 귀신
149 54. 대열반

151 55. 살생과 도둑질
152 56. 공(空)을 알지 못하면
153 57. 끊어도 끊음이 없으며
155 58. 거울을 갈아

6장 모두가 환

159 59. 마음이 일월 같으면
160 60. 마음에는 얼굴이 없거늘
162 61. 환(幻)
163 62. 환을 떠나면
164 63. 구름 없는 곳에서 달을 본다
166 64. 모두가 환이다

7장 불법의 근원

169 65. 세 마음과 네 믿음
171 66. 불법의 근원
172 67. 좋은 벗을 부처 섬기듯
174 68. 내 마음이 부처
176 69. 제도할 중생이 없다

8장 세 가지 배움

181 70. 수행의 요체
182 71. 말세의 중생
183 72. 덕이 없는 사람
185 73. 거짓된 수행
187 74. 계율을 지키지 않으면
189 75. 계율이 스승이다
191 76. 생사를 초탈하려면
193 77. 청정한 지혜
195 78. 선정에 있으면

9장 바른 마음

199 79. 좌선
201 80. 해탈
202 81. 정념
203 82. 열반
205 83. 집착하지 않는다는 헛된 견해
206 84. 성문과 연각
208 85. 청정한 세 가지 업

10장 정진

211 86. 한몸이라 여기는 대자대비
212 87. 분노의 마음
213 88. 인내
214 89. 자신을 낮추라
215 90. 정념은 무념
216 91. 정진하는 사람
217 92. 망상을 멈추라
218 93. 뒤로 미루지 말라
219 94. 진언
221 95. 예배
223 96. 염불

11장 마음을 지켜라

227 97. 본심을 지켜야
229 98. 본성을 보아 평등을 행하면
230 99. 취함도 버림도 모두 윤회
231 100. 몸 밖에서 찾지 말라
232 101. 깨끗하고 더러움은 마음에 있다
233 102. 부처는 중생을 제도할 수 없다
235 103. 아미타불의 발원
241 104. 불경을 듣는다는 것
243 105. 불경을 본다는 것

245 106. 마음 다스리기를 가벼이 하면
246 107. 보배는 내 안에 있다
248 108. 내 마음에서 깨쳐라
250 109. 통발은 잊어라
252 110. 본래의 진심을 지키는 일
253 111. 선가의 낮은 경지

12장 경계

257 112. 널리 들으면 도를 알지 못한다
258 113. 견문을 자랑하지 말라
259 114. 도는 삶을 온전히 하는 것
260 115. 쓸모없는 외전 공부
261 116. 출가의 이유
262 117. 고통의 불
264 118. 세상의 뜬 이름
266 119. 명예와 이익을 탐하는 승려
267 120. 양질호피
269 121. 천하게 팔리는 불법
270 122. 부처의 옷을 입은 도적
271 123. 가사 입은 도적
273 124. 한 그릇 밥은 농부의 피
275 125. 보시받는 짐승
277 126. 무쇠로 몸을 두를지언정
279 127. 화살을 맞듯이

280 128. 역경계와 순경계
281 129. 닳아 가는 숫돌
282 130. 진정한 고통

13장 더러운 몸 깨끗한 땅

285 131. 쯧쯧 이 몸
288 132. 질박하고 곧은 마음
290 133. 곧은 마음이 정토
291 134. 참회와 참괴
293 135. 만행의 길
295 136. 마음과 경계
297 137. 보살은 세간에 놀아도
299 138. 부처도 바꾸지 못할 법
301 139. 허망하고 들뜬 마음

14장 할!

305 140. 맑지만 어둡고 깊은 구덩이
307 141. 참선의 병
309 142. 종사의 병
311 143. 성인과 범부를 구별하는 생각
313 144. 자유인
315 145. 나는 본래 공(空)

318 146. 무위를 배워 마음이 비면
320 147. 구(句)
322 148. 안 가르쳐 주신 게 소중하네
324 149. 할!
329 150. 임제의 "할!"과 덕산의 몽둥이
332 151. 부처를 원수 보듯
335 152. 신령한 빛

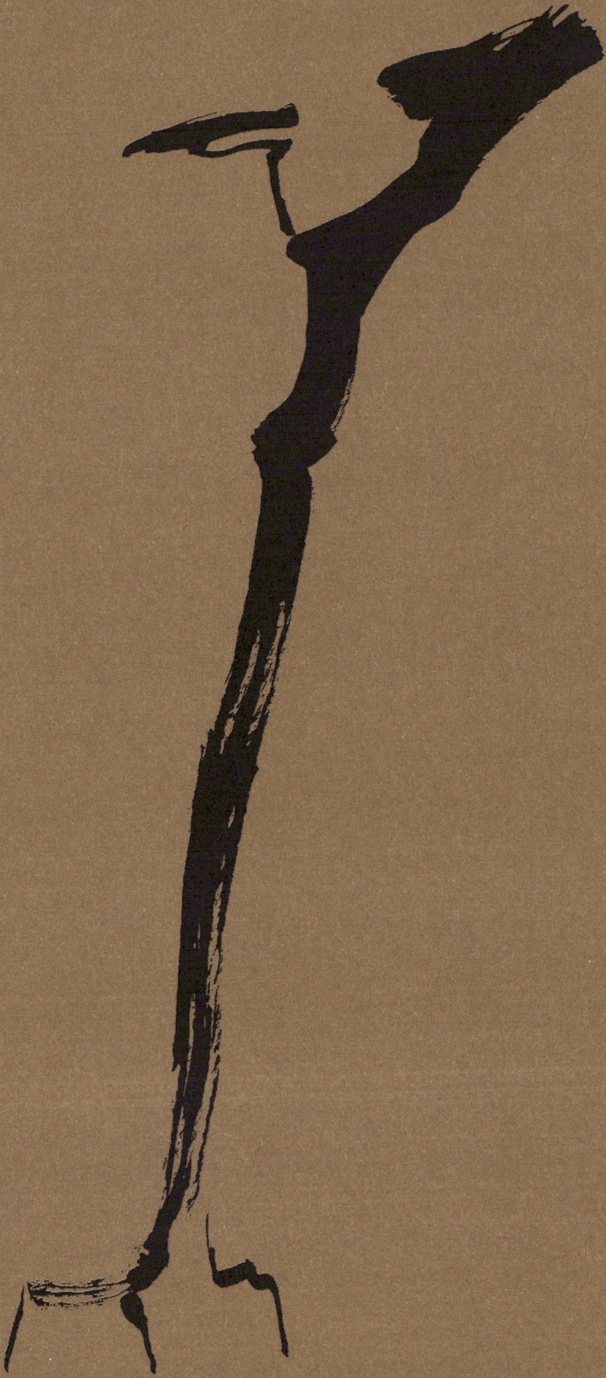

일러두기

1. 한글본(1569년 보현사普賢寺 간행본을 1610년 복각하여 재간행한 송광사본 松廣寺本)을 저본으로 삼았다. 다만 한글본에 없고 한문본(1579년 간행본)에만 있는 휴정의 서문은 수록했다.
2. 이 책에서 정리한 전체 152개 조목 중 한문본에는 없고 한글본에만 있는 조목은 총 58개다. 조목 번호를 나열하면 다음과 같다.
   〔조목〕 8, 9, 11, 12, 13, 14, 17, 23, 26, 33, 34, 37, 38, 40, 41, 43, 45, 46, 49, 50, 51, 53, 56, 58, 59, 60, 63, 65, 66, 67, 68, 71, 79, 81, 83, 84, 85, 89, 90, 93, 98, 99, 106, 107, 108, 109, 110, 111, 112, 121, 128, 135, 138, 139, 140, 145, 146, 147.
3. 매 조목마다 저본의 본문과 주해(註解)를 차례로 옮기고, 일부 조목(조목 63, 74, 82, 107, 115, 136, 137, 138, 140, 141, 144~146, 148~152)에 들어 있는 '송'(頌)을 주해 아래에 옮겼으며, 역자의 해설을 끝에 붙였다. 한문본에만 있는 '송'(조목 1~7, 15, 18~21, 142, 143, 150, 152)은 조목마다 붙인 역자 해설에 넣었다.
4. 한글본보다 한문본의 의미가 좀 더 분명하게 이해될 경우, 한글본에는 없고 한문본에만 있는 구절을 통해 본문의 의미가 좀 더 명확한 경우 한문본의 해당 구절을 참조하여 현대어로 옮겼다.
5. 본문의 한자어를 단순 풀이한 주해 일부와 조목 149의 주해로 실려 있는 불교 종파 개관 내용은 생략했다.

서문

옛날 불법을 배우던 이들은 부처의 말씀이 아니면 말하지 않고, 부처의 행실이 아니면 행하지 않았다. 그러므로 그들이 보배로 여긴 것은 오직 불경뿐이었다. 그러나 지금 불법을 배우는 이들이 서로 전하여 외우는 것은 사대부의 문장이고, 간청해서 간직하는 것은 사대부의 시다. 그들은 심지어 사대부의 시와 문장을 알록달록한 종이에 써서 아름다운 비단으로 표지를 꾸미고, 그런 책이 아무리 많더라도 부족하다고 여기며 지극한 보배로 떠받들기까지 한다. 아아! 옛날 불법을 배우던 이들과 지금 불법을 배우는 이들이 보배로 여기는 것이 왜 이리도 다를까?

나는 비록 불초한 사람이지만 옛날의 배움에 뜻을 두어 불경을 보배로 여긴다. 그러나 불경의 문장이 몹시 방대하고 대장경의 세계가 넓디넓어 훗날 나와 같은 뜻을 가진 이들이 좋은 글을 고르는 수고를 면치 못할 것이다. 그리하여 내가 불경 가운데 중요하고 절실한 것 수백 마디를 뽑아 종이 한 장에 쓰니, 글은 간략하지만 의미는 두루 갖추었다고 할 만하다.

이 글을 엄한 스승으로 삼아 궁구하여 오묘한 이치를 터득한다면 한 구절 한 구절마다 살아 있는 부처가 깃들어 계실 것이다. 부디 힘쓰라! 문자로부터 벗어난 한마디 말[1]과 격외의[2] 기이한 보배를 쓰지 않으려는 것이 아니지만, 이 점에 대해서는 장차 특별한 근기[3]를 지닌 이를 기다린다.

가정 갑자년[4] 여름

청허당 백화도인[5]이 쓰다

---

1 문자로부터 벗어난 한마디 말[一句]: 최후의 한마디 말, 진리를 드러내는 궁극의 말을 뜻한다. 조목 147에 관련 내용이 보인다.

2 격외(格外)의: 말이나 글에 따르는 격식을 떠나 마음에서 마음으로 전하는.

3 근기(根機): 사람이 가지고 있는 근본 바탕. 부처의 가르침을 받아들이고 깨달음에 이를 수 있는 능력.

4 가정(嘉靖) 갑자년: 1564년. '가정'은 명나라 세종(世宗, 재위 1521~1566)의 연호.

5 청허당(淸虛堂) 백화도인(白華道人): 서산대사(西山大師) 휴정(休靜, 1520~1604)의 호. '백화도인'은 휴정이 금강산 백화암(白華庵)에 머물며 쓰던 호.

1장

어떤 물건

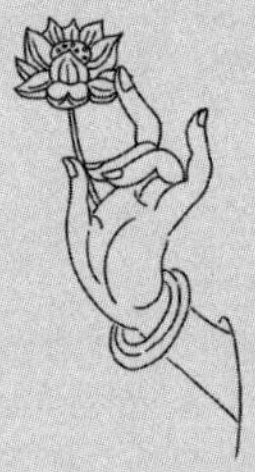

1 어떤 물건

여기 '어떤 물건'(一物)이 있다. 이것은 본래부터 밝디 밝고 신령스럽고도 신령스러워서 태어난 적도 없고 사라진 적도 없으니, 어떤 말로도 이름 지을 수 없고 어떤 모양으로도 그려 낼 수 없다.[1]

1 '어떤 물건'이란 무엇인가?

옛사람이 동그라미[2] 그려 보였으나
보이지 못할 것을 구태여 그렇게 보였네.
석가도 알지 못하신 것을
가섭(迦葉)인들 어찌 전할까?[3]

---

1 어떤 말로도~그려 낼 수 없다: 운문(雲門) 문언(文偃, 864~949)의 『운문록』(雲門錄)에 보이는 구절.

2 동그라미: 원상(圓相). 선종(禪宗)에서 마음, 혹은 완전한 깨달음을 나타낸 모양.

3 석가도 알지~어찌 전할까: 송나라의 선승(禪僧) 자각(慈覺) 종색(宗賾)의 「권효문」(勸孝文) 중 "옛날 부처가 나시기 전에/동그라미 하나 있었네./석가도 알지 못하신 것을/가섭인들 어찌 전할까?"라는 송(頌)을 인용한 것이다. "가섭"은 마하가섭(摩訶迦葉: 마하카샤파Mahākāśyapa)을 말한다. 인도 거부의 아들로, 아

유가(儒家)에서는 '태극'(太極)이라 하고, 도가(道家)에서는 '천하모'[4]라 하며, 불가에서는 '어떤 물건'이라 하니, 실은 다 이것을 가리키는 말이다.

2 옛날 육조[5]가 말했다.

"'어떤 물건'이 있는데, 위로는 하늘을 떠받치고 아래로는 땅을 지탱하여 항상 모든 사람이 사용하고 있지. 이게 뭘까?"

신회[6] 선사가 즉시 무리 중에서 나와 말했다.

"그것은 모든 부처의 본원(本源)이요, 저의 불성(佛性)입니다."

육조가 말했다.

"내가 '어떤 물건'이라 이름 지어도 맞지 않거늘, 너는 왜 '본원'이니 '불성'이니 하는 이름을 구태여 짓느냐?"

내와 함께 출가하여 훗날 석가세존(釋迦世尊)의 수제자가 되었다. 자각 선사는 송나라의 고승(高僧)으로, 교종(敎宗)과 선종을 넘나들며 『권화집』(勸化集) 등의 저술을 남겼다.

4 천하모(天下母): 하늘과 땅에 앞서 생성된 만물의 시원(始源). 『노자』(老子)에 나오는 표현.

5 육조(六祖): 중국 선종(禪宗)의 제6조 혜능(慧能, 638~713)을 말한다. 제5조 홍인(弘忍)의 문하에 들어가 그 후계자가 되었다. 역시 홍인의 제자였던 신수(神秀)가 북종선(北宗禪)을 창도한 데 대하여 혜능은 남종선(南宗禪)의 개창자가 되었다. 그의 행적과 설법을 기록한 『육조단경』(六祖壇經)이 전한다.

6 신회(神會): 생몰년 684~758년. 당나라의 선승으로, 흔히 '하택(荷澤) 신회'라 불린다. 신수와 혜능에게 모두 배웠으나 혜능을 따라 북종선을 비판하고, 낙양(洛陽)의 하택사(荷澤寺)에 머물며 선종의 한 지파(支派)인 하택종(荷澤宗)을 창시했다.

신회 선사는 언어로 누설했기에 육조의 서자(庶子)다.

또 회양[7] 선사가 와서 육조에게 인사하자 육조가 물었다.

"어디서 왔느냐?"

회양 선사가 말했다.

"숭산[8]에서 왔습니다."

육조가 물었다.

"어떤 물건이 이리 왔는고?"

회양 선사가 8년 동안 궁구한 끝에 말했다.

"'어떤 물건'을 닮았다고 해도 맞지 않습니다."

이 회양 선사는 스스로 깨달아 고개를 끄덕였기에 육조의 적자(嫡子)다.

3 "본래부터"는 이것(어떤 물건)의 목숨이 끝이 없어 과거로부터 비롯됨이 없다는 뜻이다.

'밝디 밝고 신령스럽고도 신령스럽다'라는 것은 수증(修證: 수행과 깨달음)을 빌리지 않고도 허허롭고 신령스러우며 고요하고 오묘하여 자연히 밝게 통한다는 뜻이다.

'태어난 적도 없고 사라진 적도 없다'라는 말은 범부(凡夫:

---

7 회양(懷讓): 생몰년 677~744년. 당나라의 선승으로, 흔히 '남악(南嶽) 회양'이라 불린다. 남악, 곧 숭산(嵩山)의 회선사(會善寺)에서 혜안(慧安)의 가르침을 받고 내려와 혜능의 제자가 된 뒤 그 법통을 이었다.

8 숭산(嵩山): 중국 하남성(河南省)에 있는 산. 인도에서 와서 중국 선종의 시조가 된 달마(達磨)가 숭산의 소림사(少林寺)에서 면벽(面壁) 수도(修道)했기에 선종에서 으뜸으로 삼는 산이다.

평범한 사람)와 외도[9]는 태어남을 사라짐으로 삼고 사라짐을 태어남으로 삼으나, 이 정법(正法: 부처의 바른 가르침)은 본래 태어나지 않으므로 사라짐도 없어서 항상 있어 옮겨 가지 않음이 마치 허공(虛空)이 본래 태어나지 않으므로 사라짐도 없는 것과 같다는 말이다.

'어떤 말로도 이름 지을 수 없다'라는 것은 말이 미치지 못한다는 말이고, '어떤 모양으로도 그려 낼 수 없다'라는 것은 뜻이 미치지 못한다는 말이니, 사람의 생각으로 헤아릴 수 없다는 뜻이다.

해설

"어떤 물건", 곧 '일물'(一物)은 자성(自性)·불성(佛性)·보리[10]·반야(般若) 등으로 불리는데, 모두 '마음'을 뜻하는 말이다.

본문 및 주해 [1]과 유사한 내용이 조선 초의 선승 득통(得通) 기화(己和, 1376~1433)가 쓴 「금강경오가해 서설」(金剛經五家解序說)의 본문과 설의(說誼: 주해)에 보인다.

주해 [2]의 육조 혜능 일화는 『육조단경』과 『경덕전등록』[11] 등

---

9 외도(外道): 불교 외의 가르침. 마음을 떠나 부처를 찾는 거짓된 불교도 이에 포함된다.

10 보리(菩提): 산스크리트어 '보디'(bodhi)의 번역. 모든 집착을 끊은 깨달음의 지혜, 곧 불성을 뜻한다.

11 『경덕전등록』(景德傳燈錄): 송나라의 승려 도원(道原)이 경덕(景德: 송나라 진종眞宗의 연호) 연간에 찬술하여 진종에게 바친 책. 비파시불(毗波尸佛)로부터 석

에 전한다.

한문본에는 주해 뒤에 다음의 송(頌: 게송偈頌)이 있다.

> 삼교(三敎)의 성인(聖人)이
> 모두 이 말에서 나왔네.
> 누가 이를 풀이하랴?
> 눈썹 빠질까 안타깝네.
> 三敎聖人, 從此句出. 誰是擧者, 惜取眉毛.

"삼교의 성인"이란 유(儒)·불(佛)·도(道) 삼교의 성인인 공자(孔子)·석가세존·노자(老子)를 말한다.

"모두 이 말에서 나왔네" 구절은 불교의 근원인 '어떤 물건', 유가의 '태극', 도가의 '천하모'가 모두 같은 대상을 가리키는 말이라는 뜻이다.

"눈썹 빠질까 안타깝네" 구절은 불법(佛法)을 믿지 않거나 악을 행하면 눈썹과 수염이 모두 빠지는 병에 걸린다는 속설에서 온 말이다.

가세존에 이르는 과거의 일곱 부처 및 역대 주요 선사들의 계보와 행적을 자세히 기록했다. '전등'(傳燈)은 석가세존이 아난에게 하나의 등불이 다른 등불로 옮겨져 불길을 더하듯이 제자를 길러 불법을 넓히라고 한 데서 유래하는 말이다.

2 바람 없는 바다에 일어난 물결

부처와 조사(祖師)가 세상에 나온 것은 바람 없는 바다에 물결을 일으킴이다.

[1] "부처"는 자성(自性: 자신의 본성, 곧 마음)을 깨쳐 일만 가지 덕을 가진 분을 이르고, "조사"는 불심을 깨쳐 행(行: 수행修行)과 해(解: 학해學解, 곧 이해)가 하나인 분을 이른다.[1] 사람마다 본래 다 갖추고 있으며 하나하나가 원만하게 이루어져 있으니, 연지도 찍지 않고 분도 바르지 않은 면목(面目)으로 보면 부처와 조사가 세상에 나온 것은 태평 세상에 난을 일으킴이요, 바람 없는 바다에 물결을 일으킴이다.

[2] 『허공장경』[2]에 다음의 구절이 있다.

---

1 불심(佛心)을 깨쳐~분을 이른다: "조사란 어떤 사람입니까?"라는 질문에 달마가 대답한 말. '불심'(부처의 마음)은 원문에 "불심종"(佛心宗)으로 되어 있는데, 불심의 요체를 말한다.

2 『허공장경』(虛空藏經): 『허공장보살경』(虛空藏菩薩經)을 말한다. 허공장보살(虛空藏菩薩: 허공과 같이 무한한 지혜와 자비를 가진 보살)이 모든 중생의 소원을 이루어 주는 내용을 담은 불경이다.

문자(文字)를 펴냄은 마업[3]이다. 설령 부처의 말씀이라 할지라도 이는 마업이다. 문자를 떠나고 말씀을 떠나야 마귀가 작용하지 못한다.

그러므로 선사(先師)는 "말하는 것은 그만두지 않겠으나 오직 종이와 먹으로 기록될까 두렵습니다"[4]라고 했으니, 또한 이 뜻이다.

3 이 한 조목(條目)은 부처를 죽이고 조사를 죽이고[5] 법(불법)을 없애고 사람을 없앤, 본래의 태평 세계를 나타낸 것이다.

해설

"부처와 조사"는 한문본 주해에서 각각 석가세존과 가섭을 가리킨

---

3 마업(魔業): 마귀의 작용. '마'(魔)는 번뇌와 의혹 등 수행을 방해하고 괴롭히는 모든 것을 일컫는 말.

4 말하는 것은~기록될까 두렵습니다: 송나라의 선승 대양(大陽) 경현(警玄, 948~1027)의 말. 대양 경현은 '대양 연(延)'이라고도 칭한다. 『선림승보전』(禪林僧寶傳)에 다음 일화가 전한다. 대양 경현이 스승 양산(梁山) 연관(緣觀)의 말에 깨달음을 얻은 뒤 묵묵히 있었다. 연관이 왜 한마디도 하지 않느냐고 묻자 경현이 "말을 하는 것은 사양하지 않겠습니다만 혹 기록으로 남을까 염려됩니다"라고 대답하니, 연관이 껄껄 웃으며 "그 말이 돌에 새겨지겠구나!"라고 말했다.

5 부처를 죽이고 조사를 죽이고: 당나라의 선승 임제(臨濟) 의현(義玄, ?~867)의 설법과 언행을 담은 『임제록』(臨濟錄) 중 "부처를 만나면 부처를 죽이고, 조사를 만나면 조사를 죽여라" 구절에서 따온 말. 부처나 불법조차 얽매이지 않고 뛰어넘어야 한다는 뜻에서 한 말이다.

다고 했다. '조사'는 불교에서 한 종파를 열었거나 그 종파의 법맥을 이은 선승(禪僧)을 이르는 말이다.

'부처와 조사가 세상에 나왔다'라는 것은 석가세존과 그 제자가 세상에 나와 중생을 구제한 일을 말한다. 그러나 중생 누구나 본래 '어떤 물건'(마음)을 갖추고 있으며 완성되어 있으니 누구의 도움도 필요 없다. 그렇다면 부처와 조사는 바람 없는 바다에 헛되이 평지풍파를 일으킨 셈이다. 그래서 당나라의 선승 황벽(黄檗) 희운(希運, ?~850)은 『완릉록』(宛陵錄)에서 "달마가 서쪽에서 오매 바람 없는 바다에 물결을 일으켰다"라고 했다.

한문본에는 주해 뒤에 다음의 송(頌)이 있다.

> 하늘도 땅도 빛을 잃고
> 해도 달도 빛이 없네.[6]
> 乾坤失色, 日月無光.

본문의 맥락에서 보면 "하늘"과 "땅", "해"와 "달"은 모두 부처와 조사의 말씀, 부처와 조사가 중생을 제도(濟度: 중생을 건져내 열반의 세계로 이끎)할 능력을 뜻한다.

---

6 하늘도 땅도~빛이 없네: 송나라 임제종(臨濟宗)의 선승 원오(圓悟) 극근(克勤, 1063~1135)의 어록인『원오불과선사어록』(圓悟佛果禪師語錄)에서 따온 구절.

3 언어로 설파할 수 있다

그러나 법(불법)에는 여러 이치가 있고, 사람에게는 여러 근기(根機)가 있으니, 언어로 법을 설파하는 것도 방해될 것은 없다.

[1] "법"은 본심이고, "사람"은 중생이다. 법에는 '불변의 이치'와 '인연에 따르는 이치'가 있고, 사람에게는 '돈오'(頓悟: 단박에 깨침)와 '점수'(漸修: 점진적으로 수행함)의 두 가지 근기가 있다. 따라서 온갖 문자와 언어로 불법을 설파하는 것도 방해될 것이 없다.

[2] 앞의 조목에서 이미 본분을 논하여 부처와 조사가 모두 공능(功能: 능력)이 없다고 했으나, 이 조목에서는 마음을 닦는 새로운 방법을 논했으니 부처와 조사의 큰 은혜에 감격해야 할 것이다.

[3] 중생은 비록 태어나면서부터 둥근 머리에 네모난 발을 갖추었으나, 지혜의 햇빛이 무명[1]의 구름에 숨은 것이 마치 엄마

1 무명(無明): 모든 사물과 현상의 본성을 깨닫지 못하는 상태, 혹은 진리를 깨닫지

뱃속에서 눈을 뜨지 못한 태아와 같아 흑과 백을 분별하지 못한다. 그러므로 만약 부처와 조사가 방편(方便)의 바람으로 무명의 구름을 쓸어 주지 않고, 금비[2]로 눈에 낀 막을 걷어 주지 않으시면 생사의 윤회(輪回)를 영영 그칠 기약이 없을 것이다. 슬프다, 몸을 바수고 뼈를 빻은들 부처와 조사의 큰 은혜를 조금도 갚지 못할 테니!

해설

주해 1의 "인연에 따르는 이치"는 시간·공간·인연에 따라 변할 수 있는 상대적 이치를 말한다.

주해 3의 "방편의 바람"은 중생을 제도하기 위한, 융통성 있는 임시방편의 수단을 비유한 말이다.

한문본에는 주해 뒤에 다음의 송(頌)이 있다.

임금은 보좌에 올라 있고
시골 노인은 태평가를 부르네.[3]

못한 마음 상태. '있는 그대로의 모습을 보지 못한다'는 뜻의 산스크리트어 '아비디야'(avidya)를 번역한 말. 불교에서는 무명이 모든 번뇌의 근원이라고 한다.

2 금비(金錍): 고대 인도에서 각막 위에 덮인 막을 긁어내 눈이 환히 보이게 하는 데 쓰던 작은 칼.

3 임금은 보좌(寶座)에~태평가(太平歌)를 부르네: 『임제록』에 나오는 구절. 『임제록』에서는 본래 임제(臨濟)가 어떻게 하면 나와 남, 혹은 주체〔人〕와 대상〔境〕이 모두 자신을 빼앗기지 않을 수 있느냐는 물음에 대해 저마다 자신의 자리에서 본

王登寶殿, 野老謳歌.

주해의 맥락에서 보면 "임금"은 부처와 조사, "시골 노인"은 중생에 대응된다.

분을 다하면 된다는 뜻에서 한 말이다.

4 이름에 집착하지 말라

억지로 여러 가지로 이름을 붙여 '마음'이라고도 하고, '부처'라고도 하고, '중생'이라고도 하지만, 이름에 집착해서 앎(지해知解, 곧 분별하는 인식)을 만들어 내는 것은 옳지 않다.[1] 본모습 그대로가 바로 이것('어떤 물건', 곧 마음)이거늘 생각을 움직이면 그 즉시 본모습과 어긋날 것이다.[2]

"마음"은 영지(靈知: 반야, 곧 신령한 지혜)의 이름이고, "부처"는 선각(先覺)의 이름이며, "중생"은 범부와 성인(聖人) 모두를 가리키는 이름이다. 이름은 실상(實相: 있는 그대로의 진실한 모습)의 손님이니, 손님으로서 실상을 찾으면 하늘과 땅의 차이가 난다.

---

1 이름에 집착해서~옳지 않다: 송나라 임제종의 선승 대혜(大慧) 종고(宗杲, 1089~1163)의 『서장』(書狀)에 보이는 구절. 『서장』은 대혜 종고의 편지 62편을 모은 책으로, 종고의 어록, 게송, 법어, 편지를 망라한 『대혜보각선사어록』(大慧普覺禪師語錄)의 종반부에 실려 있다. 고려시대 지눌(知訥, 1158~1210) 이래로 한국 불교에 큰 영향을 끼쳤다.

2 본모습 그대로가~어긋날 것이다: 『전심법요』(傳心法要)에 보이는, 황벽 희운의 말에서 따온 구절. 황벽 희운은 당나라의 선승으로, 강서성(江西省) 황벽산(黃檗山)에 머물렀다. 백장(百丈) 회해(懷海)의 제자로 그 법통을 이어 의현(義玄) 임제(臨濟)에게 전했다. 『전심법요』는 희운의 설법 및 제자들과의 문답을 재상이자 저명한 서법가였던 배휴(裴休)가 기록하여 엮은 책이다.

'어떤 물건'은 본래 차별이 없거늘 깨치지 못한 사람을 위하여 '마음'과 '부처'와 '중생'이라는 세 가지 차별된 이름을 세웠다. 이것의 본모습은 시비를 떠나 있으니 만일 조금이라도 미심쩍어한다면 그 즉시 본모습과 어긋날 것이다.

해설

"중생"은 윤회하는 존재, 혹은 마음을 가진 존재를 뜻한다. 불교의 세계관에서는 인간·동물·신 사이에 절대적인 차별이 없다. 윤회하는 모든 존재를 중생이라 하며, 중생은 자신이 지은 업에 따라 신도 되고 인간도 되고 동물도 될 수 있다.

한문본에는 주해 뒤에 다음의 송(頌)이 있다.

> 오랜 가뭄 끝에 단비를 만나고
> 타향에서 고향 친구를 만났네.[3]
> 久旱逢佳雨, 他鄕見故人.

---

3 오랜 가뭄~친구를 만났네: 진리를 만난 기쁨을 노래한 시로, 송나라 임제종의 선승 회암(晦巖) 지소(智昭)가 찬(撰)한 『인천안목』(人天眼目)에 보인다. 원시(原詩)의 작자는 분명치 않아 송나라 왕수(汪洙) 등 몇 사람이 거론된다.

2장

두 갈래 길

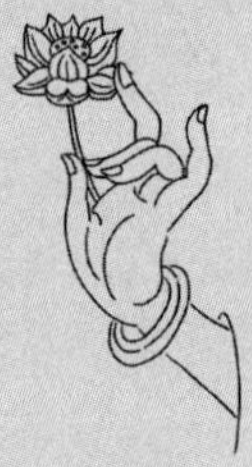

5 '선'과 '교'

세존(世尊)께서 세 곳에서 마음을 전하신 것이 '선'(禪)의 요지(要旨)이고, 세존께서 평생 말씀하신 것이 '교'(敎)의 문(門)이다.
그러므로 이런 말이 있다.
"'선'은 부처의 마음이고, '교'는 부처의 말씀이다."[1]

"세존"은 부처의 또 다른 이름이니, 세상에서 추존한다는 뜻이다.

"세 곳"은 부처가 가섭에게 마음을 전하신 세 곳이다. 첫째 장소인 다자탑 앞에서는 자신이 앉은 자리의 반을 가섭에게 나누어 주셨고,[2] 둘째 장소인 영산의 모임에서는 꽃을 집어 들어

---

1 '선'은 부처의~부처의 말씀이다: 당나라의 선승 규봉(圭峯) 종밀(宗密, 780~841)의 『선원제전집도서』(禪源諸詮集都序)에서 따온 구절. 종밀은 "'경'(經)은 부처의 말씀이요, '선'은 부처의 뜻이니, 부처의 마음과 입(말씀)은 반드시 서로 어긋나지 않는다"라고 했다. 하택 신회의 법맥을 이은 종밀은 화엄종(華嚴宗)의 제5조로, 승과(僧科)에 급제하여 불유일원(佛儒一源: 불교와 유교는 하나의 근원에서 나왔다), 선교일치(禪教一致)를 주장했다. 『선원제전집도서』는 종밀의 101권에 달하는 방대한 저술 『선원제전집』에서 주요 내용을 발췌하여 2권으로 엮은 책이다. 흔히 『도서』(都序)로 약칭된다.

2 다자탑(多子塔) 앞에서는~나누어 주셨고: 석가세존이 중인도(中印度) 비사리(毘舍離)의 서북쪽에 있던 다자탑 앞에서 설법하던 중 가섭이 뒤늦게 도착하자 자기가 앉은 자리의 반을 내주어 앉게 했다. 대중이 가섭의 남루한 차림을 보고 의아

사람들에게 보이셨으며,[3] 셋째 장소인 네 쌍의 사라수 아래에서는 관 밖으로 두 다리를 내보이셨다.[4]

"평생 말씀하신 것"은 부처가 49년 동안[5] 이르신 말씀이니, 아난[6]이 널리 전한 법이다. 석가여래의 행적을 기록한 글에 "부처가 '선'의 등불을 가섭의 마음에 켜고, '교'의 바다를 아난의 입에 부으셨다"라는 말이 있다.

해설

주해의 "부처가 '선'의 등불을 가섭의 마음에 켜고, '교'의 바다를 아난의 입에 부으셨다" 구절은 『전등계보』(傳燈系譜) 등에 보인다.

해하니 석가세존은 가섭의 덕을 찬양하여 그 의심을 풀어 주었다.

3 영산(靈山)의 모임에서는~사람들에게 보이셨으며: 염화미소(拈花微笑)의 고사를 말한다. 석가세존이 영산, 곧 영취산(靈鷲山: 고대 인도 마가다의 도읍인 왕사성王舍城 동쪽의 산)에서 설법하다가 말없이 꽃을 들어 사람들에게 보이자 아무도 그 의미를 알지 못했으나 가섭이 홀로 알아채고 미소 지었다.

4 네 쌍의~다리를 내보이셨다: 석가세존이 중인도 쿠시나가라 성 밖에 있던 네 쌍의 사라수(沙羅樹: 남아시아 열대우림지대 원산의 상록수) 아래에서 열반에 들었는데, 먼 곳에 있던 가섭이 열흘 뒤 도착해서 석가의 관 주위를 돌고 절하자 석가가 관 밖으로 두 발을 내보였다고 한다.

5 49년 동안: 휴정 당대에는 석가세존이 30세에 성불한 뒤 49년 동안 세상에 머물다 입적했다고 널리 믿었고, 휴정이 1603년에 쓴 「사바교주 석가세존 금골사리부도비」(娑婆教主釋迦世尊金骨舍利浮圖碑)에도 그렇게 기술되어 있다. 오늘날에는 대체로 기원전 624년, 혹은 기원전 560년경 탄생하여 35세에 성불하고 45년 동안 불법을 편 뒤 80세에 입적한 것으로 추정한다.

6 아난(阿難): 아난다(阿難陀). 석가세존의 사촌동생으로, 석가가 깨달음을 얻고 고향에 돌아오자 출가했다. 석가의 입멸까지 최측근에서 보좌하며 석가의 설법을 가장 많이 들었기에 '다문제일'(多聞第一)이라 불린다.

이 말은 석가세존의 가르침이 두 제자 가섭과 아난에 이르러 각각 '선'(선종禪宗)과 '교'(교종敎宗)로 나뉘었음을 뜻한다. 달마를 시조로 삼는 선종은 언어나 문자를 거치지 않고 곧바로 마음을 보아야 부처가 될 수 있다고 한다. 반면 교종은 경전의 학문적 이해와 교리의 체계화를 통해 깨달음에 이르는 것을 중시한다.

한문본에는 주해 뒤에 다음의 송(頌)이 있다.

> 방기하지 말라
> 거친 풀 속에 몸이 널브러지리.[7]
> 不得放過, 草裏橫身.

---

7 방기하지 말라~몸이 널브러지리:『벽암록』(碧巖錄)에서 따온 말. 여기서는 부처의 마음을 향해 정진하지 않고 '선'과 '교'의 나뉨을 방기하면 번뇌의 거친 풀 속에 갇히게 된다는 뜻에서 인용한 것으로 보인다.『벽암록』은 송나라의 선승 설두(雪竇) 중현(重顯, 980~1052)이 옛 선사들의 어록 100칙을 뽑아 송(頌)을 붙이고, 원오 극근이 평을 붙여 완성한 책이다.

6 입과 마음

만약 사람이 입에서 잃으면 염화미소(拈花微笑)와 면벽참선(面壁參禪)도 모두 '교'(敎)의 자취가 될 것이요, 만약 사람이 마음에서 얻으면 세상의 조악한 말과 자질구레한 말도 모두 '교'의 영역 밖에 각별히 전하는 '선'(禪)의 주된 뜻이 될 것이다.

1 '입에서 잃는다'라는 것은 이 법(불법)이 본래 이름과 말과 분별하는 마음을 떠나 있는바, 만일 이름과 말과 분별하는 마음을 가져 입으로 견주고 마음(분별하는 인식)으로 헤아린다면 세존께서 꽃을 집어 드신 일과 달마가 면벽참선한 일도 '교'의 자취가 될 뿐이라는 말이다.

일체의 분별을 다 놓아 자신의 마음을 깨치면 작은 시골 마을의 어리석은 남녀도 모두 항상 올바른 법을 말하고, 네거리에서 나무하는 아이와 소 기르는 노인도 모두 깊이 실상(實相: 있는 그대로의 참모습)을 말하며, 꾀꼬리와 제비가 지저귀는 소리도 모두 천기(天機)를 누설하는 말이 되고, 소와 닭 울음소리도 모두 이 법을 옮기는 말이 된다.

2 옛날 보적(寶積) 선사가 푸줏간에 갔는데, 고기를 사는 사람이 말했다.

"좋은 부위로 한 조각 베어 주시오."

푸줏간 주인이 말했다.

"손님, 어느 부위인들 좋지 않은 것이 있겠습니까?"

보적 선사는 그 말을 듣고 크게 깨달았다.

보수 화상(寶壽和尙)이 시장 가운데 앉아 두 사람이 다투는 것을 보고 있었는데, 한 사람이 뺨을 때리자 뺨 맞은 사람이 말했다.

"너는 왜 이리도 면목 없느냐?"

보수 화상은 그 말을 듣고 크게 깨달았다.

이로 보건대 세상의 조악하고 자질구레한 말이 모두 '교' 밖에 있는 '선'의 주된 뜻임을 알 수 있다. 그러나 사람이 한갓이 말만 믿고 간절히 자신을 반성하는 공부를 하지 않으면 마침내 득의양양한 얼간이가 됨을 면치 못할 것이다.

해설

주해 [2]의 "보적 선사"는 당나라의 선승 반산(盤山) 보적(720~814)을 말한다. 마조(馬祖) 도일(道一, 709~788)의 제자로, 하북성(河北省) 반산에서 불법을 폈다.

"보수 화상"은 당나라의 선승으로, 보수 1세 소(沼) 선사의 법통을 이은 보수 2세를 말한다. 『직지심경』(直指心經) 등에 다음의 관련 고사가 전한다. 소 선사가 "부모가 낳기 전 너의 본래 면목으로 돌아가라!"라고 하자 보수 화상이 무슨 뜻인지 알 수 없어 고심하던 중 거리에서 두 사람이 싸우는 모습을 보았다. 그중 한 사람이 주먹을 휘두르며 "너는 왜 이리도 면목이 없느냐?"라고 외치는 말에 보수 화상은 불현듯 깨달음을 얻고 신이 나서 돌아가 스승 소 선사에게 깨달은 바를 말하려 했다. 그러자 소 선사는 "네가 이미 알아차렸으니 말할 것 없다"라고 했다.

싸우던 사람이 '면목 없다'라고 말한 것은 뻔뻔하다는 뜻에서 한 말이지만, 여기서 보수 화상은 '본래 면목'이 아무 가식도 없는 본래의 모습, 곧 불성(佛性)임을 깨친 것으로 보인다.

한문본에는 주해 뒤에 다음의 송(頌)이 있다.

> 손바닥 위의 명주[1]를
> 이리 굴리고 저리 굴리네.
> 明珠在掌, 弄去弄來.

"명주"는 세상 만물의 본모습을 비추어 볼 수 있는 자성(自性), 곧 불성을 말한다.

---

1 손바닥 위의 명주(明珠): 당나라의 선승 조주(趙州) 종심(從諗, 778~897)의 어록(語錄)인 『조주록』(趙州錄)에서 따온 말. 조주 종심은 불성을 깨쳐 중생을 제도하는 일을 두고 "이 일은 손바닥 위의 명주와 같아서 호인(胡人)이 오면 호인이 비치고 한인(漢人)이 오면 한인이 비친다"라고 했다.

7 생각을 끊으라

내가 한마디 하겠다. 생각을 끊고 인연을 잊어라. 올연히 아무 일 없이 앉으니, 봄이 오매 풀이 절로 푸르다.[1]

“올연”(兀然)은 무심한 모양이다.

이 사람은 마음에 자득(自得)하여 무생(無生)의 경계(境界)에서 배고프면 밥을 먹고 졸리면 잠을 자니, 아무 일 없는 한가한 도인의 참된 즐거움을 누린다 할 것이다. 연려심(緣慮心)이 생겨나도, 일이 있어도 없앨 것이 없다. 본래부터 인연이 없으며 본래부터 일이 없어 녹수청산(綠水青山)과 송풍나월(松風蘿月)에 마음대로 노닐고, 번잡한 서울 거리든 어촌의 술집이든 한가로이 유유자적 지내며 세월 가는 줄 모르지만, 봄이 오매 풀이 절로 푸르다.

1 내가 한마디~절로 푸르다: 당나라의 선승 나찬(懶瓚)의 게(偈)에서 따온 말. “내가 한마디 하겠다. 생각을 끊고 인연을 잊어라” 구절은 당나라 초의 시인 왕범지(王梵志)의 제목 없는 시에도 보인다.

해설

주해의 "무생의 경계"는 생성도 소멸도 없는 불생불멸(不生不滅)의 경계(땅, 지경)를 말한다.

"연려심"은 사물을 '나'와 별개의 대상으로 삼아 분별하는 마음이다.

"송풍나월"은 솔바람 불고 담쟁이덩굴 사이로 달이 비치는 아름다운 곳을 뜻한다.

한문본에는 주해 뒤에 다음의 송(頌)이 있다.

> 아무도 없나 했더니[2]
> 다행히 한 사람 있네.
> 將謂無人, 賴有一箇.

"한 사람"은 주해의 "한가한 도인"〔閑道人〕을 말한다. 한가한 도인, 황벽 희운이 말한 '무사인'(無事人: 아무 일 없는 사람, 일체의 작위 없이 아무것에도 기대지 않고 아무 속박도 받지 않는 사람)이 곧 완전한 자유인이다.

2 아무도 없나 했더니: 『조당집』(祖堂集) 등에 보이는 표현.

8 가진 것을 찾아 헤매다니

"어허, 사내여! 머리를 가지고 있으면서 머리를 찾아 치달리며 구하기를 그치지 않는구나."
만약 이 말에서 회광반조[1]하여 다시는 다른 데로 가서 구하지 않는다면 부처나 조사와 다름이 없어 그 즉시 아무 일이 없으리라.[2]

"어허"(咄)는 애달파하는 소리다.

옛날 연야달다(演若達多)가 머리를 가졌으면서 머리를 찾아 다니더니, 이제 중생이 마음을 가지고 있으면서 마음을 찾음이 또한 이와 같다. 찾을수록 더욱 어긋나고 뛰어갈수록 더욱 멀어지니, 진실로 미쳤다 할 것이다. 만일 머리를 잃지 않았음을 안다면 범부(凡夫)와 성인이 한몸이라 그 즉시 아무 일이 없을 것이다.

---

1 회광반조(回光返照): 저녁 햇살이 세상 만물을 다시 강하게 비추어 밝히듯 자기 안의 청정한 빛을 비추어 돌이켜본다는 뜻.

2 어허 사내여~일이 없으리라: 『임제록』에서 따온 구절.

해설

“연야달다” 이야기는 『능엄경』(楞嚴經)에 보인다. 실라벌성(室羅筏城: 고대 인도 코살라 왕국의 수도 슈라바스티Sravasti)에 사는 연야달다(야즈냐다따Yajñadatta)라는 사람이 거울을 보다가 문득 자기 머리가 사라져 도깨비가 되었다고 여겨 미친 듯이 온 동네를 뛰어다니며 내 머리가 어디로 갔느냐 물었다고 한다.

9　미친 마음

경전에 이런 말씀이 있다.

"광성이 그치면 머리를 밖에 가서 찾지 않을 것이다. 설사 광성이 그치지 않았다 한들 어찌 머리를 잃을 리 있겠는가?"[1]

오직 미친 마음을 그치면 머리는 본래 편안히 있다. 비록 미친 마음을 그치지 못한다 한들 어찌 자기가 알아차리지 못한다고 제 머리를 잃어버렸겠는가?

해설

『능엄경』에서 석가세존은 연야달다 이야기를 들어 탐욕〔貪〕과 분노〔瞋〕와 어리석음〔癡〕으로부터 벗어나야 광성(狂性: 미친 마음)이 그친다 하고, 광성이 그치면 그것이 곧 보리(불성)라고 했다.

1　광성(狂性)이 그치면~잃을 리 있겠는가: 연야달다 이야기에 이어 석가세존이 한 말로, 『능엄경』에 보인다.

10 허공의 꽃

경전에 이런 말씀이 있다.

"일체의 중생이 무생(無生: 불생불멸의 경계) 가운데서 망령되이 생사와 열반을 보는 것은 허공에서 꽃이 피고 지는 것을 보는 것과 같다. 오직 묘각(妙覺: 오묘한 깨달음, 곧 불법)의 온전한 비춤만이 허공의 꽃과 눈가림에서 벗어나게 한다."[1]

그러므로 또 이런 말씀이 있다.

"병든 눈으로 허공을 보면 꽃이 없는 곳에서 꽃을 본다."[2]

"눈병이 나으면 꽃이 저절로 사라진다."[3]

"일체의 중생"은 부처 외의 모든 존재를 말한다.

"묘각의 온전한 비춤"은 사람의 본심을 말한다.

"눈가림"은 눈병을 말한다.

"눈가림"은 견분[4]을, "꽃"은 상분[5]을, "허공"은 진성(眞性: 불

1 일체의 중생이~벗어나게 한다: 『원각경』(圓覺經) 「문수보살장」(文殊菩薩章)과 「금강장보살장」(金剛藏菩薩章)에서 따온 구절.

2 병든 눈으로~꽃을 본다: 규봉 종밀이 『원각경』을 주해한 책인 『원각경 약소』(圓覺經略疏)에서 따온 구절.

3 눈병이 나으면 꽃이 저절로 사라진다: 규봉 종밀의 『원각경 약소』에서 따온 구절.

4 견분(見分): 사물을 인식하는 주체. 대상을 인식하는 주관.

5 상분(相分): 인식의 대상. 인식 주관이 인식할 수 있도록 드러난 대상의 이미지.

성)을 비유한 말이다.

중생이 깨치지 못해 생사를 보는 것은 허공에 꽃이 피는 것과 같고, 깨쳐서 열반을 얻는 것은 허공에 꽃이 지는 것과 같다. 그러나 허공이라는 것은 잠시도 생겨나고 사라짐이 없거늘 눈병으로 그릇된 견해를 내고, 참된 깨달음은 잠시도 생사와 열반의 구별이 없거늘 망녕된 병으로 그릇된 견해를 낸다.

『사익경』[6]에 다음 구절이 있다.

"모든 부처가 세상에 나온 것은 중생을 생사에서 구하여 열반에 들게 하기 위함이 아니라 오직 생사와 열반을 구별해서 보는 그릇된 견해를 제도하기 위함이다."

해설

본문은 『원각경』(圓覺經)과 그 주해서에서 따온 말로 이루어졌다. 『원각경』은 석가세존이 문수보살(文殊菩薩) 등 열두 보살과의 문답을 통해 원각(圓覺: 더없이 온전한 깨달음)의 묘리와 수행 방법을 설한 경전이다.

'허공의 꽃'의 비유는 『능엄경』에도 보인다. 휴정의 문집 『청허

6 『사익경』(思益經): 『사익범천소문경』(思益梵天所聞經)을 말한다. 대승불교의 대표적 경전 중 하나로, 남북조시대 5호 16국의 하나인 후진(後秦)에서 불법을 전파한 인도 승려 구마라집(鳩摩羅什, 343~413)이 번역했다. 석가세존이 사익범천(思益梵天)과 망명보살(網明菩薩) 등 여러 보살에게 모든 법이 공적(空寂: 텅 비어 고요함)한 이치를 설파하는 내용이다.

당집』(淸虛堂集)에 실린 시 「오대산으로 가는 감선자를 전송하다」(送鑑禪子之五臺)에 "열반은 간밤의 꿈이요/생사는 허공의 꽃이라네"(涅槃如昨夢, 生死亦空花) 구절이 보인다.

11 마(魔)의 땅

마음을 떠나 부처를 구하는 것은 외도(外道)이고, 마음에 집착하여 이것이 부처라고 여기는 것은 '마'(魔)다.[1] 망기[2]는 부처의 길이고, 분별은 '마'(魔)의 땅이니, 분별을 내지 않으면 허허롭고 밝은 마음이 절로 비출 것이다.[3]

인연에 따라 생긴 모든 법은 '가명'[4]이므로 실체가 없거늘 중생들은 미혹하여 이름과 형상에 집착한다. 허허롭고 밝은 자성(自性)을 알지 못하므로 나아가고 물러날 때마다 어긋나니 외도와 요사한 마귀의 이름을 얻는다.

"망기"의 '기'(機)는 '능'과 '소'[5]의 마음이 일어나는 곳이다.

해설

"마"(魔)는 산스크리트어 '마라'(mara)를 음차한 마라(魔羅)의 줄

1 마음을 떠나~여기는 것은 '마'다: 당나라의 선승 대주(大珠) 혜해(慧海)의 말로, 『경덕전등록』에 보인다.
2 망기(忘機): 분별하는 마음을 잊어 모든 집착으로부터 자유로운 상태.
3 망기는 부처의~비출 것이다: 황벽 희운의 말로, 『완릉록』에 보인다.
4 가명(假名): 실체가 없는 것에 대하여 일시적으로 가설하여 만든 이름.
5 능(能)과 소(所): 주체(주관)와 객체(객관).

임말이다. 본래 천상의 욕계(欲界)인 타화자재천(他化自在天)의 왕인데, 번뇌와 의혹 등 수행을 방해하고 괴롭히는 모든 것을 일컫는 말로 쓰이게 되었다.

『임제록』에 "부처를 구하면 곧 부처라는 마(魔)에 사로잡힌다"라는 말이 있다.

주해의 "이름과 형상"은 원문의 "명상"(名相)을 옮긴 말이다. 귀에 들리는 것을 '명'(名), 눈에 보이는 것을 '상'(相)이라 한다.

12 중생의 마음

뜻을 얻은 일념(一念)을 소중히 여기지 않고 별도로 견성과 신통[1]을 구한다면 쉴 때가 있겠는가? 일념이란 것은 하나의 법이니, 이른바 '중생심'[2]이다.[3]

이는 안팎으로 급히 치달려 구하는 병이니, 역시 마(魔)와 외도의 두 구덩이다. 바로 일념도 내지 않고 과거와 미래를 모두 끊어내면 삼세와 육추[4]가 다 끊어져 몸에서 빛이 나고 홀로 서서

---

1 견성(見性)과 신통(神通): '견성'은 자성, 곧 자신의 불성을 꿰뚫어 보아 깨달음, '신통'은 신통력, 곧 수행으로 갖추게 되는 불가사의하고 자유자재한 능력을 뜻한다.

2 중생심(衆生心): 중생의 마음. 불교에서는 중생심 안에 중생의 미혹한 마음과 부처의 청정한 마음이 모두 들어 있어 세간(世間)의 법과 출세간(出世間)의 법이 모두 갖추어져 있다고 한다.

3 뜻을 깨친~이른바 '중생심'이다: 보조국사(普照國師) 지눌의 『법집별행록절요병입사기』(法集別行錄節要幷入私記)에 보이는, 규봉 종밀의 말에서 따온 구절. 『법집별행록절요병입사기』(이하 『법집별행록절요』)는 규봉 종밀의 『법집별행록』(法集別行錄)을 지눌이 간추리고 자신의 견해를 덧붙인 책이다.

4 삼세(三細)와 육추(六麤): 무명에 의해 움직이는 마음의 모습과 작용. '삼세'는 무명에 의해 움직이는 마음의 미세한 모습으로, 무명업상(無明業相)과 능견상(能見相)과 경계상(境界相)의 셋을 아우르는 말. '무명업상'은 무명에 의해 최초로 마음이 움직이지만 아직 주관과 객관의 구별이 없는 상태, '능견상'은 마음의 움직임에 의해 일어나는 인식 주관, '경계상'은 인식 주관의 작용으로 나타나는 객관 대상을 말한다. '육추'는 무명으로부터 일어난 인식 주관이 대상에 대해 일으키는 거친 작용으로 지상(智相)·상속상(相續相)·집취상(執取相)·계명자상(計名

곧 참된 부처의 자리에 이를 것이다.[5]

해설

"일념"은 한순간, 혹은 한순간의 통일된 마음을 뜻한다. 휴정은 「박학관에게 답한 편지」(答朴學官書)에서 일념이 '본각진심'(本覺眞心: 불성)이라고 했다. 일념조차 생겨나지 않는 것이 곧 부처라고 한다.

육조 혜능 선법(禪法)의 핵심을 "명심견성 견성성불"(明心見性, 見性成佛: 맑은 마음으로 자성을 보고, 자성을 보아 성불한다)이라 요약할 정도로 '견성'은 선불교에서 중요한 개념이다. 그러나 예로부터 '견성성불'에 대한 오해가 많았기에 지눌은 이렇게 말했다.

"지금의 어리석은 무리들은 망령되이 '한순간 깨치면 즉시 한

字相)·기업상(起業相)·업계고상(業繫苦相)의 여섯을 아우르는 말. '지상'은 대상을 분별하는 지혜의 작용, '상속상'은 대상을 구별함으로써 느끼는 즐거움이나 괴로움이 끊이지 않는 상태, '집취상'은 즐거움이나 괴로움을 실재하는 대상으로 착각하여 집착하는 상태, '계명자상'은 집착하는 대상에 이름을 붙이고 이름에 집착하여 번뇌를 일으키는 상태, '기업상'은 이름에 집착하여 그릇된 행동을 일으키는 상태, '업계고상'은 그릇된 행동에 얽매여 고통과 혼란을 겪는 상태를 말한다. 모두 『대승기신론』(大乘起信論)에서 유래하는 개념이다.

5 바로 일념도~이를 것이다: 휴정은 「염불문」(念佛門)에서 "사람이 일념도 내지 않고 전제(前際: 과거)와 후제(後際: 미래)를 모두 끊어내면 자성의 아미타(阿彌陀)가 홀로 드러나고, 자심(自心)의 정토(淨土)가 눈앞에 있을 것이다"라고 했다. '과거와 미래를 모두 끊어내면'의 원문은 "전후제단"(前後際斷)으로, 전제와 후제를 모두 끊고 오직 지금 이 순간만 있는 상태를 말한다. 『유마경』(維摩經)에서 유래하는 말이다.

량없는 오묘한 작용과 신통한 변화를 드러내 보인다'라고 말하지만, 이는 이른바 '선후를 모르고 본말을 구분하지 못한다'는 것이다."

지눌은 또 견성성불했으면 응당 신통력을 발휘해야 하지 않느냐는 제자의 물음에 이렇게 대답했다.

"돈오(頓悟)와 점수(漸修) 두 개의 문은 일천 성인이 밟아간 길이니, 과거의 모든 성인은 먼저 깨친 뒤 수행하고, 수행에 의해 깨쳤다. 신통한 변화는 깨친 뒤 수행하여 차츰 익힘에 따라 나타나는 것이지 깨치는 즉시 나타나는 것이 아니다."

지눌의 말은 모두 『수심결』(修心訣)에 실려 있다.

13 청정한 본성

유마(維摩)가 말했다.

"나의 본성은 본래 청정하니 곧장 환히 깨치면 도로 본심을 얻을 것이다."[1]

또 말했다.

"한 번 깨달음으로 곧장 불지(佛地: 부처의 땅)에 이를 것이다."[2]

본성이 청정함을 말했다.

해설

"유마" 거사, 곧 유마힐(維摩詰)은 '깨끗한 이름'이라는 뜻의 산스크리트어 '비말라키르티'(Vimalakīrti)의 음을 한자로 옮긴 것이다. 원문에서 유마를 "정명"(淨名)이라 칭한 것은 이름의 뜻을 옮긴 것이다. 본래 인도 비사리(毘舍離) 지역의 부자로, 출가하지 않고 속세에 머물며 수행했음에도 석가세존에게 존중받았다.

---

1 나의 본성은~얻을 것이다: 『유마경』(維摩經)에서 따온 구절.

2 한 번~이를 것이다: 『육조단경』에 보이는, 혜능의 말.

"중생이 아프니 나도 아프다"라는 유마의 말로 유명한 『유마경』은 문수보살이 석가세존의 권유로 유마를 문병하러 가서 유마의 설법을 들은 내용을 기록한 책이다.

14 청정도 망이 된다

조사가 말씀하셨다.

"본성은 본래 청정하거늘 마음을 일으켜 청정함에 집착하면 도리어 청정함의 망[1]이 생겨난다. '망'은 일정하게 머문 자리가 없으니 집착하는 것이 곧 '망'이다."[2]

"만약 마음을 내지 않고 생각을 움직이지 않으면 '망'은 절로 사라진다."[3]

'망'의 성질이 본래 공허함을 말했다.

해설

두 분 조사 육조 혜능과 황벽 희운의 말을 인용해 '망'을 경계했다. 세속의 사랑과 정의(正義)는 물론이요 청정함과 공(空)조차도 집착하면 '망'이다.

1 망(妄) : 망집(妄執). 허망한 대상에 집착하는 일.

2 본성은 본래~곧 '망'이다 : 『육조단경』에 보이는, 혜능의 말.

3 만약 마음을~절로 사라진다 : 『완릉록』에 나오는, 황벽 희운의 말.

15 마음이 곧 본성

교문[1]에서는 오직 일심법[2]을 전하고, 선문[3]에서는 오직 견성법[4]을 전하니,[5] 마음이 곧 본성(性)이고, 본성이 곧 마음이다.[6]

"마음"은 중생이 본래 갖추고 있는 마음인지라 무명의 형상을 취하는 마음이 아니다. "본성"은 '한 마음'의 근원이 되는 성품인지라 성품과 형상이 서로 맞서는 본성이 아니다.

마음과 본성은 저마다 깊고 얕음이 다르다. 그러나 선(禪)을 추구하는 자와 교(敎)를 추구하는 자가 모두 '마음'과 '본성'

---

1 교문(敎門): '교'(敎)의 문, 곧 교종(敎宗). 경전을 풀이하고 정리하여 이론적·체계적으로 불교의 이치를 터득하는 것을 강조하는 불교 종파.

2 일심법(一心法): 대립이나 차별을 떠난 '한 마음', 곧 진여(眞如: 있는 그대로의 참모습, 곧 본성)를 추구하는 가르침. 『대승기신론』과 『능가경』(楞伽經) 및 "심즉불"(心卽佛: 마음이 곧 부처)이라고 한 황벽 희운의 법어를 통해 강조되었다.

3 선문(禪門): '선'(禪)의 문, 곧 선종(禪宗). 문자에 의존하지 않고 참선을 통한 자기 성찰에 의해 자신이 본래 갖추고 있는 불성을 단박에 깨치는 것을 강조하는 불교 종파.

4 견성법(見性法): 자신의 본성, 곧 불성(佛性)을 꿰뚫어 보아 부처가 된다는 가르침.

5 교문에서는 오직~견성법을 전하니: "오직 일심법을 전하고" 구절은 『완릉록』에, "오직 견성법을 전하니" 구절은 『육조단경』에 보인다.

6 마음이 곧~곧 마음이다: 달마의 「혈맥론」(血脈論)에 나오는 말.

이라는 이름만 알아서 어떤 이는 얕은 것을 깊은 것으로 알고, 어떤 이는 깊은 것을 얕은 것으로 아니, 있는 그대로 보고 통찰하여 수행하는 데 큰 병이 된다. 그러므로 이처럼 자세히 분별했다.

이 '한 마음'의 본성은 깊고도 넓어 모든 법을 다 포용한다. 그리하여 움직이지 않아도 인연에 따라 본체〔體〕에 알맞고 작용〔用〕에 알맞으며, 사람에 알맞고 법에 알맞으며, 허망함〔妄〕에 알맞고 참됨〔眞〕에 알맞으며, 일(현상)에 알맞고 이치에 알맞다. 뜻하는 바가 천차만별이라 할지라도 항상 맑고 고요하여 일체를 다 갖추었으니, 그러므로 '한 마음'은 본성도 아니고 형상도 아니며, 이치도 아니고 일도 아니며, 부처도 아니고 중생도 아니다.

'한 마음'은 이처럼 매우 불가사의하므로 종사(宗師: 큰스님)가 바로 사람들에게 눈앞의 한 생각을 가르쳐 견성성불(見性成佛)하게 하면 배우는 사람이 그 말씀을 듣자마자 크게 깨쳐 수백 수천 가지 깨달음의 문(門)과 헤아릴 수 없이 큰 묘리를 단박에 체득한다. 이는 비록 '선'(禪)과 '교'(敎)를 맞세워 말한다 하더라도 이치를 궁구하여 성불한다는 '교'의 뜻과는 다르다.

선사가 말했다.

"참된 마음은 온갖 심오하고 현묘한 도리를 포함하되 말을 초월하고, 참된 본성은 이름과 형상을 떠났으되 연기[7]에 얽매임

---

7 연기(緣起): 의존하여 일어남. 무명에 의해 온갖 번뇌와 미혹을 잇달아 일으키는 과정.

이 없다."[8]

해설

본문에서는 교종에서 추구하는 일심(一心)과 선종에서 깨치고자 하는 본성(本性)이 같은 것(심성心性=마음)임을 말했다. 이에 휴정은 일심의 근원이 본성이라고 해서 마음과 본성의 관계를 분명히 하고, 선종의 우위 아래 교종을 아우르고자 하는 의도를 드러냈다. 마음과 본성의 관계는 다음 조목의 비유를 통해 좀 더 분명해진다.

한문본에는 다음의 송(頌)이 있다.

> 첩첩의 산과 강이여
> 맑고 깨끗함은 우리의 오랜 가풍[9]
> 重重山與水, 淸白舊家風.

8 참된 마음은~얽매임이 없다:『법집별행록절요』(法集別行錄節要)에 보이는, 규봉 종밀의 말.

9 맑고 깨끗함은 우리의 오랜 가풍(家風): 송나라의 학자 이구(李覯)의 시「사승화영성」(寺丞和永城) 등에 보이는 구절.

16 거울과 그 빛

마음은 불가사의한 현묘함으로부터 빛을 내니 거울의 빛과 같고, 본성은 밝은 성질 그대로 현묘하니 거울의 본체와 같다.[1]

중생과 외도를 가르치는 방편을 말로만 전달할 수 없으므로 앞의 조목에서 말한 "마음"과 "본성"을 다시 비유로 나타냈다.

해설

"본성", 곧 불성을 거울에, "마음"을 거울에서 비추는 빛에 비유해서 마음(일심)의 근원이 본성이라고 했던 앞 조목 주해의 의미를 분명히 했다.

1 마음은 불가사의한~본체와 같다:『능엄경』에서 따온 말.

17 집착의 근기

교문(敎門: 교종)에서 "오직 싯다르타만이 한 생애에 성불하셨다"라고 집착하는 것은 '소승'[1]의 근기이고, "여러 겁[2] 동안 수행하여 형상이 다하고 본성이 나타난 뒤에야 비로소 성불하셨다"라고 하는 것은 '대승'[3]의 근기이며, "한순간에 깨쳤을 때의 이름이 부처다"라고 하는 것은 '돈교'[4]의 근기이고, "본래부터 성불하셨다"라고 하는 것은 '원교'[5]의 근기이다.

이 말은 선문(禪門)에서 "번뇌와 보리를 다르다고 하는 것은 살갗이요, 번뇌를 끊고 보리를 얻는다고 하는 것은 살이요, 모르면 번뇌이고 알면 보리라고 하는 것은 뼈요, 본래부터 번뇌가 없어 원래 보리라고 하는 것은 골수다"[6]라고 하는 것

---

1 소승(小乘): 자신의 깨달음, 해탈만을 구하는 부처의 가르침. '승'(乘)은 산스크리트어 '야나'(yāna)의 번역으로, '탈 것'이란 뜻이다.

2 겁(劫): 무한히 긴 시간. 우주가 생성되었다가 소멸되는 하나의 주기를 일컫는 말로, 산스크리트어 '칼파'(kalpa)의 번역.

3 대승(大乘): 자신도 깨달음을 구하고 중생도 깨달음으로 인도하기를 구하는 부처의 가르침. 기원 전후의 불교 개혁파가 자신의 구제에 앞서 남을 먼저 구제하는 보살의 수행법을 강조하면서 전통적인 불교 보수파를 낮추어 소승불교라 하고 자신들을 대승불교라 했다.

4 돈교(頓敎): 수행 단계를 거치지 않고 단박에 깨달음에 이르게 한다는 돈오돈수(頓悟頓修)의 가르침. 『유마경』과 『원각경』을 그 대표 경전으로 꼽는다.

5 원교(圓敎): 궁극의 온전한 가르침. 부처의 원만하고 완전한 오직 하나의 가르침을 설한 『법화경』(法華經)과 『화엄경』(華嚴經)을 그 대표 경전으로 꼽는다.

6 번뇌와 보리를~하는 것은 골수다: 『선문염송』(禪門拈頌)에서 인용한 『법집별행록』의 주석에 비슷한 구절이 보인다. "달마가 말했다. '세 사람이 나의 법을 얻었

과 같다.

1 산스크리트어 "싯다르타"(悉達: Siddhārtha)는 한자로 '돈길'(頓吉)이라 표기하는데, 석가세존의 태자 때 이름이다.

"형상"은 생성〔生〕과 머무름〔住〕과 변이〔異〕와 소멸〔滅〕의 과정을 거치니, 이는 생성하여 일어난 상태다. '소멸'은 십신위[7]에서 끊어지고, '변이'는 삼현위[8]에서 끊어지며, '머무름'은 십성위[9]에서 끊어지고, '생성'은 부처의 자리에서 끊어지니, 이는 정

으되 깊고 얕음이 각각 다르다. 총지(總持)는 살을 얻었으니, 번뇌를 끊고 보리를 얻었다고 했다. 도육(道育)은 뼈를 얻었으니, 모르면 번뇌이고 알면 보리라고 했다. 혜가(慧可)는 골수를 얻었으니, 본래부터 번뇌가 없어 원래 보리라고 했다."

7 십신위(十信位): 부처가 되기 위한 보살 수행의 첫 10단계, 곧 신심(信心)·염심(念心)·정진심(精進心)·정심(定心)·혜심(慧心)·계심(戒心)·회향심(廻向心)·호법심(護法心)·사심(捨心)·원심(願心)을 이르는 말. 『화엄경』에 의하면 십신(十信)·십주(十住)·십행(十行)·십회향(十廻向)·십지(十地)의 50단계에 이어 제51위인 등각(等覺)과 제52위인 묘각(妙覺)까지 총 52단계의 수행을 거쳐 부처에 이른다고 한다.

8 삼현위(三賢位): 십주(十住)·십행(十行)·십회향(十廻向)을 아울러 이르는 말. '십주'는 52단계 중 부처의 언행을 보고 들으며 마음을 굳건히 하는 제11위 초발심주(初發心住)에서 살아 있는 모든 존재가 부처의 지혜를 갖출 수 있도록 노력하는 제20위 관정주(灌頂住)까지, '십행'은 모든 중생을 기쁘게 하는 제21위 환희행(歡喜行)에서 부처의 힘을 얻고도 중생을 교화하기 위하여 보살행을 버리지 않는 제30위 진실행(眞實行)까지, '십회향'은 중생을 미혹에서 벗어나게 하는 제31위 구호일체중생리중생상회향(救護一切衆生離衆生相廻向)에서 불법의 세계를 무한히 자신과 중생에게 돌려보내는 제40위 법계무량회향(法界無量廻向)까지의 계위에 해당한다.

9 십성위(十聖位): 십지(十地). 52단계 중 깨달음을 얻어 환희로 가득한 제41위 환희지(歡喜地)에서 대법신(大法身)을 얻어 대자비(大慈悲)가 구름처럼 일어나는 제50위 법운지(法雲地)까지의 계위. 보살은 이 단계에 이르러 비로소 불성을 보

도를 닦아 번뇌를 끊어 내는 과정이다. 펼치면 55위요 간추리면 4위이니,[10] 오직 생각의 생성과 소멸을 논한 것일 따름이다.

"번뇌"는 근심하고 애태움이 '번'(煩)이요, 헤매어 어지러움이 '뇌'(惱)이니, 마음과 경계(境界: 대상)가 서로 싸우는 것이다.

산스크리트어 "보리"(bodhi)는 여기서 말하는 '깨침'이다.

[2] 교문에서 석가여래의 네 가르침[11]을 논하는데, 오직 싯다르타 태자만이 한 생애에 성불하시고, 나머지 사람들은 불성이 없어 성불하지 못한다고 아는 것은 '소승'의 근기다.

삼무수겁[12]에 걸쳐 오위[13]를 끊어내 십지(十地: 십성위)를 만족하고 사지[14]를 원만하게 밝혀 처음에는 소멸의 형상을 끊고

고 중생을 지킬 수 있다고 한다.

10 펼치면 55위(位)요 간추리면 4위이니: '55위'는 『능엄경』에서 설정한 보살 수행의 55단계를 말한다. 간혜지(乾慧地)로부터 출발하여 십신·십주·십행·십회향·사가행(四加行)·십지를 거쳐 부처에 이른다고 한다. 일반적으로는 『화엄경』의 52위가 널리 통용된다. '4위'에 대해서는 여러 설이 있는데, 당나라 현장(玄奘)이 번역한 『섭대승론』(攝大乘論)에 의하면 불법을 믿고 기뻐하는 '원락행지'(願樂行地)로부터 비로소 진여를 보는 '견도'(見道), 진여를 본 뒤 속세의 번뇌를 다스리는 '수도'(修道)를 거쳐 모든 번뇌를 끊고 청정한 지혜에 이르는 '구경도'(究竟道)까지 총 4단계의 수행 과정을 가리킨다.

11 네 가르침: 소승·대승·돈교·원교.

12 삼무수겁(三無數劫): 보살이 수행하여 부처가 되기까지 걸리는, 헤아릴 수 없는 오랜 시간.

13 오위(五位): 일체의 모든 법. 법상종(法相宗)에서 심법(心法)·심소법(心所法)·색법(色法)·심불상응행법(心不相應行法)·무위법(無爲法)을 아울러 이른 말로, 오위 아래 총 100개의 법을 두었으나, 궁극적으로 이들 일체의 모든 법은 실체 없이 가상으로 세운 것이라고 한다.

14 사지(四智): 고집멸도(苦集滅道) 사성제(四聖諦)의 도리를 체득한 지혜.

마침내 생성의 형상을 끊어낸 뒤 한순간에 서로 응해야 늘 존재하는 마음과 본성을 볼 것이라고 아는 것은 '대승'의 근기다.

시작도 없는 미혹에 전도되어 중생을 허망하다고 인식하다가 한순간에 깨칠 때 온몸이 부처라고 아는 것은 '돈교'의 근기다.

생성과 머무름과 변이와 소멸이 모두 없어 본래 평등하여 깨침의 본성이 모두 같다고 아는 것은 '원교'의 근기다.

3 "선문에서" 이하 구절은 달마의 네 제자가 지닌 견해의 깊고 얕음을 가린 것이니, "살갗"은 도부(道副)이고, "살"은 총지(總持)이며, "뼈"는 도육(道育)이고, "골수"는 혜가(慧可)다.

4 혹은 '교'(敎)라 하고, 혹은 '선'(禪)이라 함은 오직 사람의 견해가 깊고 얕음에 있지 본래의 불법과는 상관이 없다.

슬프다! 모르면 세상만사가 담장에 가로막히고, 알면 일만 가지 법이 거울에 환히 비친다. 집착하면 우물에 앉아서 하늘을 보는 것과 같고, 통달하면 산에 올라 바다를 바라보는 것과 같다.

해설

주해 3에서 열거한 도부·총지·도육·혜가(487~593) 네 사람은 모두 달마의 제자다. 『경덕전등록』에 다음 내용이 전한다.

달마가 네 제자를 불러 각자 오랜 참선을 통해 깨달은 바를 말해 보라고 했다. 도부가 문자에 집착하지도 말고 문자를 떠나지도 말아야 한다고 하자 달마는 "너는 나의 살갗을 얻었다"라고 했다.

양(梁)나라 무제(武帝)의 딸로 승려가 된 총지가 "저의 깨달음은 아난다가 아촉불(阿蜀佛)의 불국(佛國)을 한 번 보고 다시 보지 않은 것과 같습니다"라고 하자 달마는 "너는 나의 살을 얻었다"라고 했다.

도육이 사대(四大: 모든 물질의 구성 요소라는 지地·수水·화火·풍風)가 본래 '공'(空)이니 모든 것이 '공'이므로 하나의 법도 얻을 것이 없다고 하자 달마는 "너는 나의 뼈를 얻었다"라고 했다.

혜가가 아무 말도 없이 달마에게 절하고 그 자리에 가만히 서 있자 달마는 "너는 나의 골수를 얻었다"라고 했다. 혜가는 달마의 뒤를 이어 선종의 이조(二祖)가 되었다.

주해 [1]의 "펼치면 55위"와 관련하여 휴정은 『심법요초』(心法要抄)에서 최종 '55위' 부처의 경지에 대해 이렇게 기술했다.

"55위라는 것은 다만 마음을 쉬고 망상을 없앤 뒤에 얻는 보과일 뿐이다. 55위를 채우기 전 어느 한 단계에 이르면 조금 얻은 것이 만족스러워 불법을 안다는 교만한 마음이 생겨나니 최후에 큰 깨침으로 들어가면 앞에 밟아 온 단계가 모두 허깨비가 되어 아무 소용이 없게 된다. 그러므로 '차라리 죽을지언정 55위는 밟지 않겠다'라는 조사의 말이 있다."

18 부처의 말씀과 조사의 가르침

여러 부처께서 말씀하신 경전에서는 먼저 모든 법을 분별해 보인 뒤에 필경공[1]을 말했다.[2] 조사(祖師)들이 보이신 구절에서는 마음에서 자취가 끊어져야 마음의 근원에 이치가 드러남[3]을 말했다.

"자취"는 조사가 하신 말씀의 자취를, "마음"은 배우는 사람의 마음을 뜻한다.

여러 부처는 만세토록 의지할 바이므로 이치를 자세히 보이시고, 조사들은 즉시 해탈하게 하는 존재이므로 뜻을 심오하게 전달한다.[4]

---

1 필경공(畢竟空): 모든 것이 공(空)이라고 보는, 궁극의 공.

2 먼저 모든~필경공을 말했다: 나가르주나(Nāgārjuna, 용수龍樹)가 지은 『대지도론』(大智度論)에 보이는 구절. 『대지도론』은 『대품반야경』(大品般若經: 구마라집이 번역한 『마하반야바라밀경』摩訶般若波羅蜜經)의 주해서로, 구마라집의 한문 번역만 전한다.

3 마음에서 자취가~이치가 드러남: 『법집별행록절요』에서 따온 구절.

4 여러 부처는~심오하게 전달한다: 『선원제전집도서』에서 따온 구절.

해설

가르침을 통한 정진의 끝에서 가르침을 잊어야 궁극의 '공'을 깨쳐 보리에 이른다고 했다.

한문본에는 다음의 송(頌)이 있다.

아무리 멋대로 휘둘러도
팔이 밖으로 굽진 않네.[5]
胡亂指注, 臂不外曲.

---

5 아무리 멋대로~굽진 않네 : 『벽암록』 본문에서 양(梁) 무제(武帝)가 자신을 방문한 달마를 몰라보고 그냥 보낸 뒤 고승 지공(志公)에게 달마가 누구냐고 묻자 지공이 "그분은 부처의 심인(心印)을 전하는 관음대사입니다"라고 말한 데 대해 원오 극근이 덧붙인 촌평을 옮긴 것이다. 여기서는 다음 조목으로 이어져 풀이되는 '자취를 끊고 난 뒤에 드러나는 한 마음'으로의 귀결을 노래한 것으로 이해된다.

19 활과 활시위

여러 부처들의 말씀은 활과 같고, 조사들의 말씀은 활시위와 같다. 부처께서 말씀하신 무애(無碍: 가로막힘이 없음)의 법은 바야흐로 '하나의 맛'으로 귀결하는데, 이 하나의 맛이 남긴 자취마저 떨어내야 바야흐로 조사가 보이신 '한 마음'이 나타난다.[1]

그러므로 이런 말이 있다.

"'뜰 앞의 잣나무'라는 화두(話頭)는 용장에도 없다."[2]

[1] 부처는 불법을 완곡하게 보여 주시므로 "활"에 비유하고, 조사는 곧장 보여 주므로 "활시위"에 비유했다.

"용장"(龍藏)은 부처의 일생 말씀을 기록해서 용궁에 보존

---

1 여러 부처들의~'한 마음'이 나타난다: 『선문보장록』(禪門寶藏錄)에서 옮긴 구절인데, 『선문보장록』에서는 또 이 구절을 『순덕선사록』(順德禪師錄)에서 인용했다고 했다. 『선문보장록』은 고려 후기 천태종(天台宗)의 승려 진정국사(眞靜國師) 천책(天頙)이 선사(禪師)들의 어록을 발췌하여 찬한 책으로 전한다. '순덕 선사'는 당나라 말 오대(五代) 때의 선승 경청(鏡淸) 순덕(順德, 868~937)을 가리키는 것으로 보인다. 한편 휴정은 『선교석』(禪教釋)에서 이 구절을 옮기고 『순정록』(順正錄)에서 인용했다고 했다.

2 그러므로 이런~용장(龍藏)에도 없다: 『선문보장록』에서 옮긴 구절인데, 『선문보장록』에서는 또 이 구절을 『적음존자록』(寂音尊者錄)에서 인용했다고 했다. '적음존자'는 시승(詩僧)으로 유명한 송나라 임제종의 선승 혜홍(慧洪) 각범(覺範, 1071~1128)을 가리키는 것으로 보인다.

한 대장경(大藏經)의 법을 말한다.

2 어떤 승려가 조주[3] 화상에게 물었다.

"조사[4]께서 서쪽에서 오신 뜻은 무엇입니까?"

조주가 대답했다.

"뜰 앞의 잣나무."

이 화두는 '말의 길'〔語路〕과 '뜻의 길'〔義路〕을 다 끊어 버려 생각하고 또 생각할 수 없게 했다. 역시 앞의 조목에서 "마음에서 자취가 끊어져야 마음의 근원에 이치가 드러난다"라고 했으므로 달마가 서쪽에서 오신 은밀한 뜻이 오교일승[5] 밖으로 멀리 나간 것임을 알 것이다.

「현중명」[6]에 또 이런 구절이 있다.

"이국인(異國人)의 한 곡조 음악/푸른 하늘 밖에 울려퍼지네."

---

3 조주(趙州) : 당나라의 선승 종심(從諗, 778~897)을 말한다. 남천(南泉) 보원(普願)의 제자로 80세부터 하북성(河北省) 조주(趙州) 관음원(觀音院)에 머물며 40년 동안 설법했다고 하여 '조주 종심'이라 불렸다. 『조주종심선사어록』(趙州從諗禪師語錄), 곧 『조주록』이 전한다.

4 조사(祖師) : 서쪽의 인도로부터 중국에 온 달마를 말한다.

5 오교일승(五教一乘) : 화엄종에서 말하는 다섯 분파인 소승교(小乘教), 대승시교(大乘始教), 대승종교(大乘終教), 돈교(頓教), 원교(圓教)가 일승, 곧 하나의 궁극적인 가르침으로 귀결된다는 뜻인데, 여기서는 교종(教宗) 일체를 가리킨다.

6 「현중명」(玄中銘) : 당나라의 선승 동산(洞山) 양개(良价, 807~869)가 불제자들을 일깨우기 위해 쓴 4언 56구의 명(銘). 동산 양개는 강서성 동산사(洞山寺)에 머물며 제자인 조산(曹山) 본적(本寂, 840~901)과 함께 조동종(曹洞宗)을 열었다.

해설

본문의 "하나의 맛", 곧 일미(一味)는 유일무이한 평등의 이치, 혹은 해탈을 뜻한다.

석가세존이 탄생할 때 용왕이 목욕물을 부어 주고, 성불할 때 용왕이 세존의 몸을 감싸 지켜 주었다는 등 용은 불교 전설에 자주 등장한다. 대승불교에서는 용궁에 부처의 모든 가르침이 보존되어 있고, 용이 불법을 수호한다고 한다. 인도 초기 대승불교를 확립한 나가르주나(용수龍樹)가 용궁에서 『화엄경』 등의 대승불교 경전을 전수받았다는 이야기가 전한다.

주해의 "이국인의 한 곡조 음악"은 서쪽 인도에서 온 소리, 곧 달마가 전파한 불법을 말한다. 휴정의 시 「서래곡」(西來曲)이 「현중명」의 인용 구절과 유사한 내용을 담고 있는데, 다음과 같다.

> 서쪽에서 한 곡조 음악
> 천고에 아는 사람 없었네.
> 그 가락 푸른 하늘 밖으로 울려퍼지니
> 바람과 구름만 알아듣네.
>
> 西來這一曲, 千古沒人知. 韻出靑霄外, 風雲作子期.

한문본에는 『벽암록』에서 취한, 다음의 송(頌)이 있다.

> 물고기가 헤엄치자 물이 흐리고
> 새가 날자 깃털이 떨어지네.
>
> 魚行水濁, 鳥飛毛落.

20 출신활로

그러므로 배우는 이는 먼저 진실한 가르침으로 '불변의 이치'와 '인연에 따르는 이치'의 두 가지 뜻이 내 마음의 본성과 형상이고, '돈오'와 '점수'의 두 문(門)이 내 수행의 시작과 끝임을 곡진히 알아야 한다. 그러고 난 뒤에 '교'(敎)의 뜻을 놓고 오직 이 순간 자기 마음에 드러난 일념으로 '선'(禪)의 주된 뜻을 자세히 참구(參究)하면 반드시 얻는 바가 있을 것이니, 이것이 이른바 '출신활로'다.[1]

위에서는 '선'과 '교'를 맞세워 분변하다가 여기에 이르러서부터는 '선'으로 결단했다. 뛰어난 근기를 지닌 사람은 이런 한계에 떨어지지 않아 이미 다 알겠지만, 뛰어난 근기가 없이 배우는 사람은 현상을 꿰뚫어보는 눈이 분명하지 못해 정법(正法)을 혼동할까 앞 시대의 성인께서 근심하여 자세히 분변하셨으니, 배우는 사람은 다시금 잠심하여 음미해야 한다.

'교'에 의지하여 보고 수행함은 모든 성인이 앞서간 길이거니와 벼랑에 매달렸을 때 손을 놓는 것이야말로 기세충천한 대

1 그러므로 배우는~이른바 '출신활로'(出身活路)다: 『법집별행록절요』에서 따온 구절.

장부다.

"불변"은 마음의 진여이고, "인연에 따름"은 마음의 생멸(生滅)이며, "본성"은 체(體: 본체)이고, "형상"은 용(用: 작용)이다. "돈오"는 불변이고, "점수"는 인연에 따름이며, "시작"은 원인이고, "끝"은 결과다.

해설

불교에서 "참구"는 '불법을 온몸으로 체득하는 탐구'를 뜻하는 말이다.

우리가 저마다 지닌 부처의 마음이 '불변'이라면 각자의 근기에 따라, 처한 상황에 따라 마음이 일어나고 사라져 여러 모습으로 변하는 것이 '수연'(隨緣), 곧 '인연에 따름'이다.

"출신활로"는 윤회의 사슬에서 몸을 벗어나게 할 활로, 모든 번뇌와 속박에서 벗어나 자유와 해탈을 얻는 길을 말한다.

휴정은 『심법요초』에서 '교'와 '선'에 대해 이렇게 기술했다.

"'선'과 '교'는 모두 일념(一念)에서 일어나는데, 심의식(心意識: 헤아리고 분별하는 마음)이 미치는 것은 사량(思量)에 속하니 '교'이고, 심의식이 미치지 못하는 것은 참구에 속하니 '선'이다."

한문본에는 다음의 송(頌)이 있다.

환히 밝을 때
깊은 골에 구름 잠기고
깊고 그윽한 곳에

맑은 하늘 해가 비추네.

明歷歷時, 雲藏深谷. 深密密處, 日照晴空.

3장

참선

21 '활구'를 참구하라

배우는 사람은 모름지기 활구(活句: 살아 있는 말)를 참구(參究)해야지 사구(死句: 죽은 말)를 참구해서는 안 된다.[1]

"활구"는 '선'(禪)이고, "사구"는 '교'(敎)다.

이하에서는 '활구' 공부를 자세히 분변했다.

해설

동산 양개는 "말 속에 말이 있는 것을 '사구'라 하고, 말 속에 말이 없는 것을 '활구'라 한다"라고 했다. '사구'란 말에 집착하여 그 뜻을 헤아리는 데 얽매이는 행위와 관련되고, '활구'란 말에 집착하지 않고 '말의 길'과 '뜻의 길'을 모두 끊는 행위와 관련된다.

한문본에는 "활구에서 깨달음을 얻으면 부처와 조사처럼 스승이 될 것이요, 사구에서 깨달음을 얻으면 자신도 구제하지 못할 것이다"라는 주해가 더 있다. 『벽암록』에 이와 유사한 구절이 보인다.

한문본에는 다음의 송(頌)이 있다.

---

1 배우는 사람은~안 된다: 『벽암록』에서 따온 말.

임제(臨濟)를 보려거든

무쇠처럼 굳센 사람이 되어야 하리.[2]

要見臨濟, 須是鐵漢.

2 무쇠처럼 굳센 사람이 되어야 하리: 『남명천화상송증도가사실』(南明泉和尙頌證道歌事實)에 "도를 배우려면 무쇠처럼 굳센 사람이 되어야 한다"(學道須是鐵漢)라는 구절이 보인다. 당나라 영가(永嘉) 현각(玄覺)의 『증도가』(證道歌)에 송나라의 남명(南明) 법천(法泉)이 일곱 글자 3구씩 송(頌)을 붙여 풀이한 책이 『남명천화상송증도가』(南明泉和尙頌證道歌)이고, 1248년(고종 35) 고려의 서룡선로(瑞龍禪老) 연공(延公)이라는 이가 『남명천화상송증도가』에 주석을 가한 책이 『남명천화상송증도가사실』이다.

22 닭이 알을 품듯

본참공안[1]을 통해 간절한 마음으로 공부하기를 마치 닭이 알을 품듯, 고양이가 쥐를 잡듯, 굶주린 사람이 밥을 생각하듯, 목마른 사람이 물을 생각하듯, 아이가 엄마를 그리워하듯[2] 하면 반드시 꿰뚫을 기약이 있을 것이다.

'공안'(公案)은 조사(祖師)의 화두이니, "본참공안"은 1천 7백 가지 화두 중 처음 맡아 참구하는 화두이다.

닭이 알을 품는 것은 따뜻한 기운을 이어 주어 생명의 근원을 이루게 하는 것인데, 생명의 근원을 이루고도 새끼가 알 속에서 쪼는 소리에 어미닭이 제때 알을 쪼아 주지 않으면 그 알은 썩는 법이니, 이는 공부가 처음부터 끝까지 끊어짐이 없음을 비유한 것이다. 또 고양이가 쥐를 대하고, 굶주린 사람이 밥을 대하고, 목마른 사람이 물을 대하고, 아이가 어머니를 대하는 것이 모두 진실로 간절한 마음이니, 화두도 이 간절한 마음이 없으면 이루지 못할 것이다.

1 본참공안(本參公案): 자신의 본래면목을 참구하는 화두. '공안'은 화두.

2 마치 닭이~엄마를 그리워하듯: 휴정의 「참선문」(參禪門)에 비슷한 구절이 보인다.

해설

선문의 화두 전체를 총괄하여 '공안 일천칠백칙(一千七百則)'이라 하므로 주해에서 "1천 7백 가지 화두"라고 했다. 정확히 1천 7백 가지의 공안이 있는 것은 아니고 『경덕전등록』에서 1천 7백 인이 불법을 전해 받기에 그 수를 따른 것이다. "개에게도 불성이 있습니까?"라는 물음에 "없다"라고 한 대답, "달마가 서쪽에서 오신 뜻은 무엇입니까?"라는 물음에 "뜰 앞의 잣나무"라고 한 대답, "무엇이 부처입니까?"라는 물음에 "삼 세 근"〔麻三斤〕이라거나 "간시궐"(乾屎橛: 똥 닦는 막대기)이라고 한 대답 등이 유명한 화두다.

23 마음의 길

선덕(先德)이 말했다.

"참선은 모름지기 조사(祖師)의 관문(關門)을 뚫고 들어가야 하고, 묘오(妙悟: 오묘한 깨달음, 곧 불법)는 모름지기 마음의 길이 끊어진 곳까지 다 가야만 얻는다."[1]

"관문"은 오고 감이 통하지 않는 곳이니, 조사의 화두는 분별하는 마음으로 통할 수 없음을 비유한 말이다.

해설

"선덕"은 덕과 지혜가 높은, 선대(先代)의 고승을 말한다.

"조사의 관문"이란 과거의 조사들이 깨침을 얻기 위해 통과했던 관문, 곧 화두를 말한다.

본문에서 인용한 『무문관』에는 "무엇이 조사의 관문입니까?" 라는 물음과 그에 대한 무문 혜개의 답이 더 이어진다. 혜개는 "'없

1 참선은 모름지기~가야만 얻는다: 선문의 대표적 공안집인 『무문관』(無門關)에 나오는 말. 『무문관』의 저자인 무문(無門) 혜개(慧開, 1183~1260)는 송나라의 선승으로, "개에게도 불성이 있습니까?"라는 물음에 대해 조주 종심이 답한 '없을 무(無)' 한 글자를 화두로 삼아 6년 동안 참구한 끝에 깨침을 얻었다고 한다.

을 무(無)' 한 글자뿐"이라 답하고, 이 관문을 뚫고 지나가면 조주를 직접 만날 것이며 역대의 조사들과 손잡고 함께 걸어갈 것이라고 했다.

24 참선의 요건

고봉(高峯)이 말했다.

"참선은 세 가지 요건을 갖추어야 한다. 하나는 큰 믿음을 가지는 것이고, 둘은 큰 투지를 가지는 것이며, 셋은 큰 의심을 가지는 것이다. 셋 중 하나라도 없으면 발이 부러진 세발솥이 마침내 못 쓰는 물건이 되는 것과 같다."[1]

부처께서 말씀하셨다.

"성불하는 데는 믿음이 근본이다."

영가(永嘉)가 말했다.

"도를 닦는 사람은 모름지기 먼저 뜻을 세워야 한다."[2]

몽산(蒙山)이 말했다.

"공부하는 사람이 화두를 의심하지 않는 것이 큰 병이다."[3]

---

1 참선은 세~것과 같다: 『고봉원묘선사어록』(高峯原妙禪師語錄)에 나오는 구절.

2 도를 닦는~세워야 한다: 당나라의 선승 영가(永嘉) 현각(玄覺, 665~713)의 『선종영가집』(禪宗永嘉集)에 나오는 말. 영가 현각은 절강성(浙江省) 영가 출신으로, 혜능과의 하룻밤 문답에 깨침을 얻어 선종을 크게 일으켰다.

3 공부하는 사람이~큰 병이다: 원나라 초 임제종의 선승 몽산(蒙山) 덕이(德異, 1231~?)의 『몽산법어』(蒙山法語)에 보이는 구절. 본래 대혜 종고의 『대혜보각선사어록』에 보이는, 원오 극근의 말이다.

해설

"고봉"은 남송(南宋) 말 원나라 초 임제종의 선승인 고봉 원묘(原妙, 1238~1295)를 말한다. 저술로 『고봉원묘선사어록』과 『고봉화상선요』(高峯和尙禪要)가 전한다.

"큰 믿음", "큰 투지", "큰 의심"은 본래 대신근(大信根), 대분지(大憤志), 대의정(大疑情)이라 하는데, 임제 의현이 말한 '삼요'(三要)에 해당한다. '신근'은 부처의 가르침을 믿는 능력, '분지'는 분투하고자 하는 의지, '의정'은 화두에 온 마음을 쏟아 의심을 거듭한 결과 외물을 마주하여 더 이상 분별하는 마음을 일으키지 않게 되는 상황을 말한다.

25 목숨을 놓을 곳

묘희(妙喜)가 말했다.

"일상에서 인연에 따라 무슨 일을 하든 오직 '개에게는 불성(佛性)이 없다'라는 화두 하나만을 들고 또 들며, 살피고 또 살펴서 이치의 길〔理路〕이 끊어지고 뜻의 길도 끊어져 아무 맛도 없고 마음이 답답함을 알 때가 바로 그 사람의 몸과 목숨을 놓을 곳이요, 또한 부처가 되고 조사가 될 터전이다."[1]

또 말했다.

"만약 죽고 사는 것을 대적하고자 한다면 반드시 이 일념(一念)을 한 번 '탁' 터뜨려야만 비로소 죽고 사는 것을 마칠 것이다."[2]

1 어떤 승려가 조주 화상에게 물었다.
"개에게도 불성이 있습니까?"
조주가 대답했다.
"없다."

---

1 일상에서 인연에~될 터전이다: 대혜 종고의 『서장』(書狀)에 나오는 구절. 휴정의 「오대산 일학 장로에게 부친 편지」(寄五臺山一學長老)에도 비슷한 구절이 보인다.

2 만약 죽고~마칠 것이다: 대혜 종고의 『서장』에 나오는 구절.

2 '없을 무(無)' 한 글자에 대해 선사가 말했다.

"'유무'(있고 없음)의 '무'도 아니고, '진무'(眞無: 참으로 없음)의 '무'도 아니다."[3]

이 말은 '말의 길'과 '뜻의 길'을 모두 고쳐도 생각하지 못할 것이다.

3 또 이런 말이 있다.

조주가 뽑아든 칼날
서릿발처럼 번뜩이네.
우물쭈물 묻다가는
네 몸이 두 동강 나리.[4]

趙州露刃劒, 寒霜光焰焰. 擬議問如何, 分身作兩段.

4 "탁"(爆)은 불에 밤을 구워 터지는 소리이니, 공부하다가 풀지 못하던 의문 덩어리를 마침내 깨뜨림을 뜻한다.

---

3 '유무'의 '무'도~'무'도 아니다: 『무문관』에 나오는, 무문 혜개의 말.

4 조주가 뽑아든~동강 나리: 송나라 임제종의 선승 오조(五祖) 법연(法演)의 말. 법연은 백운(白雲) 수단(守端)의 제자로 호북성(湖北省) 오조산(五祖山)에 머물렀다. 『오조법연선사어록』(五祖法演禪師語錄)이 전한다.

해설

"묘희"는 대혜 종고의 호이다. 대혜 종고는 『벽암록』을 찬한 원오 극근의 제자이다. 금나라와 화친할 것을 주장하던 재상 진회(秦檜) 일파에 불만을 품고 조정을 비방했다는 죄목으로 16년 동안 유배 생활을 한 뒤 묘희암(妙喜庵)에 머물며 수행하고 남송 효종(孝宗)에게 대혜 선사(大慧禪師) 칭호를 받았다. 오로지 화두를 참구함으로써 깨침에 이른다는 간화선(看話禪)을 주창했는데, 이는 묵언을 중시한 조동종의 좌선법인 묵조선(默照禪)에 대립되는 수행법이었다.

26 큰 의심 아래 큰 깨달음이 있다

선덕이 말했다.

"이 '없을 무(無)' 자는 삼세제불(三世諸佛)의 면목이며, 역대 조사들의 골수이며, 또한 그대들의 목숨이니, 그대들도 이를 믿는가? 큰 의심 아래에서야 반드시 큰 깨달음이 있다."[1]

조주가 태어나기 전엔들 어찌 부처와 조사가 없었겠는가. 안목 있는 승려는 속지 않을 터이나 선현이 조주의 선(禪)을 이처럼 치켜세우신 은미한 뜻이 있다.

모름지기 조주의 허물을 잡아내야 눈 밝은 사람이라 할 것이요, 스스로 믿는 바가 없이 입으로만 떠든다면 한갓 일생일대에 눈이 멀 뿐만 아니라 불법을 헐뜯은 죄로 훗날 쇠몽둥이 맞기를 면하지 못할 것이다.

해설

"삼세제불"은 전세·현세·내세, 곧 과거와 현재와 미래의 모든 부처를 말한다.

---

1 이 '없을 무(無)'~깨달음이 있다: 몽산 덕이의 『몽산법어』에서 따온 구절.

'없을 무' 한 글자를 말한 조주 종심을 기리는 한편 그 허물을 잡아내야 한다는 데 선불교의 묘미가 있다.

"큰 의심 아래에서야 반드시 큰 깨달음이 있다"(大疑之下, 必有大悟)라는 말은 선문을 넘어 모든 공부에 통용되는 명구(名句)이다. 휴정은 「휘원 부천 도인」(輝遠扶天道人) 시에서 "온 힘을 다해 의심하는 곳에서/얼음이 녹고 기와가 부서지리"(盡力起疑處, 氷消瓦解去)라고 했다.

27 생각할 수 없는 곳까지

화두는 처음 일으키는 곳에서 알아맞히려 해서도 안 되고, 생각으로 헤아려서도 안 되며, 미혹에 사로잡힌 채 깨달음을 기다려서도 안 된다. 생각할 수 없는 곳까지 나아가 생각해서 마음이 갈 곳 없음이 마치 늙은 쥐가 쇠뿔 속에 갇힌 것 같아야 문득 결판을 보게 될 것이다.
또 평소에 이리저리 헤아려 안배하는 것도 식정[1]이고, 생사를 좇아 옮겨다니는 것도 식정이며, 겁에 질려 의심하고 두려워하는 것도 식정이다. 그렇건만 지금 사람들은 이것이 병인 줄 모르고 오직 식정에 빠져 들락날락할 뿐이다.[2]

화두를 참구할 때 열 가지 병이 있으니, 분별하는 의식으로 헤아리는 것, 눈썹을 치켜 올리고 눈을 깜박이며 골똘히 생각하던 한 곳에 안주하여 생각을 멈추는 것, 말에서 활계(活計)를 찾는 것, 문자를 증거로 삼는 것, 화두를 처음 일으키는 곳에서 알아맞히려 하는 것, 일없이 가만히 들어앉아 있는 것, '유무'(있고 없음)의 '무'로 이해하는 것, '진무'(眞無)의 '무'로 이해

---

1 식정(識情) : 미혹에 빠져 분별하는 마음.
2 화두는 처음~들락날락할 뿐이다 : 대혜 종고의 『서장』에 나오는 구절.

하는 것, 불법의 도리로 이해하려 하는 것, 미혹에 사로잡힌 채 마냥 깨닫기를 기다리는 것이다. 이 열 가지 병을 떠나서 화두를 일으키고 깨쳐야 한다.

해설

'늙은 쥐가 쇠뿔 속에 갇힌 것 같다'라는 말은 옛날 물소의 긴 뿔을 쥐덫 삼아 쥐를 가두어 잡았기에 한 비유다.

주해에서 든 열 가지 병은 대혜 종고가 처음 제시한 여덟 가지 병에 종고가 다른 편지글에서 언급한 두 가지 병을 지눌이 추가하여 제시한 것이다.

28 모기가 무쇠 소를 뚫고 들어가듯

화두를 참구하는 일은 모기가 무쇠로 만든 소에 올라탄 것과 같으니, "어찌할까, 어찌할까?" 물을 새도 없이 다짜고짜 주둥이를 박을 수 없는 곳에서 목숨을 내놓고 한 번 달려들어 온몸으로 뚫고 들어가야 한다.

앞 조목의 뜻을 다시 매듭지어 활구(活句: 살아 있는 말)를 참구하는 자로 하여금 물러서 굴복하지 않고 거듭 분발하도록 격려한 말이다.

해설

모기와 무쇠 소의 비유는 당나라의 선승 위산(潙山) 영우(靈祐, 771~853)의 말에서 따온 것으로, 『경덕전등록』 등에 보인다. '위산'은 영우가 수행한 호남성(湖南省) 대위산(大潙山)을 말한다.

29 현악기를 조율하듯

공부는 거문고 줄을 조율하는 법과 같아서 그 팽팽하고 느슨함이 중도(中道)를 얻어야 한다. 너무 힘을 쓰면 집착에 가깝고, 잊으면 무명(無明)에 떨어지니, 맑고 또렷하며 빈틈없고 끊임없어야 한다.[1]

"무명"은 모든 사람이 저마다 비록 본각명[2]을 가지고 있으나 늘 미혹에 빠져 있어 시각명[3]이 없는 상태다.

공부를 너무 급하게 맹렬히 하면 혈기가 고르지 못한 괴로운 병이 나고, 느슨하게 놓으면 게으른 습성이 생겨 임병(任病: 방임하는 병)이 된다. 공부의 오묘함은 오직 맑고 또렷하며 빈틈없고 끊임없이 해야 힘을 덜 들이면서 조금씩 이루어 나갈 수 있을 따름이다.

---

1 공부는 거문고~끊임없어야 한다 : 『잡아함경』(雜阿含經)에 나오는 석가세존의 가르침에서 따온 말. 대혜 종고의 『서장』에도 첫 문장과 유사한 다음 구절이 보인다. "거문고 줄을 조율하는 것과 같아 팽팽하고 느슨함이 중도를 얻어야 바야흐로 곡조를 이룬다."

2 본각명(本覺明) : 번뇌에 의해 드러나지 않은, 청정한 깨달음의 성품. 중생이 본래 갖추고 있는 청정한 마음, 곧 불성(佛性).

3 시각명(始覺明) : 본각명에 따라 차츰 번뇌를 깨뜨리고 깨닫기 시작하는 것.

해설

주해의 "임병"은 『원각경』에서 말한 네 가지 병 중 하나로, 생사를 구하지도 않고 열반을 구하지도 않으며 세상 일체에 내맡겨 깨달음을 구하는 태도를 말한다.

주해 내용과 유사한 구절이 『서장』에 보인다.

"공부는 급하게 해서는 안 되니 급하게 하면 조급히 움직인다. 또 느슨하게 해서도 안 되니 느슨하게 하면 혼미해진다."

"급하게 하면 더욱 더딜 것이요, 느슨하게 하면 게을러진다."

30 팔만 사천의 마군

공부가 걸어도 걷는 줄 모르고 앉아도 앉은 줄 모르기에 이르면, 이때를 당하여 8만 4천의 마군(魔軍: 마귀의 군대)이 육근[1]의 문 앞에서 엿보고 있다가 마음을 따라 일어나 활개를 친다.[2] 그러나 만약 마음을 일으키지 않는다면 무슨 다툼이 있겠는가?

1 "마"(魔)는 생사의 윤회를 즐기고 오욕[3]을 즐겨 정법(正法)을 어지럽히는 귀신의 이름이다. 마귀의 종류가 8만 4천이라는 것은 중생의 8만 4천 가지 번뇌를 나타낸 것이다.

마귀는 나 자신의 마음 밖에 있지 않으니, 내가 눈과 귀 등의 육근에 마음을 내면 마귀가 그 마음을 좇아 가지가지로 변화하는데, 나의 도가 높을수록 마귀의 힘이 더욱 왕성하다.[4] 범부는 자신의 경계(境界)를 수용하므로 번뇌하지 않으나, 보살은 자신의 경계를 배반하고자 하므로 대적하여 싸운다.

---

1 육근(六根): 대상을 느끼고 인식하는 눈·귀·코·혀·몸·의식을 아울러 일컫는 말.

2 공부가 걸어도~활개를 친다: 『고봉원묘선사어록』에서 따온 구절.

3 오욕(五欲): 눈·귀·코·혀·몸으로 느끼는 색욕(色欲)·성욕(聲欲)·향욕(香欲)·미욕(味欲)·촉욕(觸欲)의 다섯 가지 욕망.

4 도가 높을수록~더욱 왕성하다: 자각 종색의 『좌선의』(坐禪儀)에 보이는 구절.

2 옛날 한 도인이 어느 날 아침 선정[5] 중에 보니 상주 한사람이 주검을 손에 받들고 와서 울며 말했다.

"너는 어찌하여 내 어머니를 죽였느냐?"

도인이 마귀인줄 알고 도끼로 찍었더니 상주가 급히 달아났는데, 훗날 도인이 선정에서 벗어나 보니 자기 다리를 벤 것이었다.

또 한 도인이 어느 날 밤 선정 중에 보니 돼지가 와서 자리를 뒤지고 있기에 돼지의 코를 잡아 두루 끌고 다니며 "불을 켜 와라!"라고 외쳤다. 사미가 불을 켜서 가보니 도인이 자기 코끝을 잡고 있었다.

이 때문에 마음을 일으키지 않으면 외부의 마귀가 들어오지 못하는 것이다.

3 옛사람이 또 말했다.

"벽에 틈이 있으면 바람이 들고, 마음에 틈이 있으면 마귀가 쳐들어온다."[6]

---

5 선정(禪定): '선'과 '정'은 각각 산스크리트어 '댜나'(dhyāna: 명상)와 '사마디'(Samādhi: 삼매)를 옮긴 말이다. 고요한 상태에서 마음을 집중하여 조금도 흐트러짐이 없는 상태를 뜻한다.

6 벽에 틈이~마귀가 쳐들어온다: 『대승기신론소필삭기』(大乘起信論疏筆削記) 등에 보이는 구절.

해설

중국 선종의 제4조 도신(道信)의 게송에 다음 구절이 보인다.

"경계에는 아름답고 추함이 없거늘/아름다움과 추함은 마음에서 일어나네./마음이 억지로 분별하지 않으면/허망한 식정(識情)이 어디서 일어날까?"

주해 [2]에서 든 두 일화는 당나라 말의 선사 영명(永明) 연수(延壽, 904~975)의 『종경록』(宗鏡錄) 등에 보인다. 영명 연수는 정토종(淨土宗)의 제6조이자 법안종(法眼宗)의 제3조로, 영명사(永明寺)에서 불법을 펴며 "직지인심(直指人心), 견성성불(見性成佛)"이라는 달마의 가르침을 계승했다. 『만선동귀집』(萬善同歸集) 등의 저술을 남겼다.

"도인"은 '수도인'(修道人), 곧 수행자를 말한다.

31 번뇌의 마귀

마음을 일으키는 것은 천마(天魔)이고, 마음을 일으키지 않는 것은 음마(陰魔)이며, 마음을 일으키기도 하고 일으키지 않기도 하는 것은 번뇌마(煩惱魔)다. 그러나 우리 정법에는 본래 이런 일이 없다.[1]

사악한 마귀와 외도는 본래 그 씨앗이 없으나 수행하다가 생각을 잃어 마침내 그 근원이 생겨났다. 그러나 마귀의 땅은 꿈속의 일이니 깨친 사람에게는 이런 것이 없다.

해설

"천마"는 타화자재천의 왕으로 수행을 방해하고 괴롭히는 천자마(天子魔), 곧 마라(魔羅)를 말한다.

"음마", 곧 온마(蘊魔)는 온갖 괴로움을 일으키는 오온(五蘊)을 말한다. '오온'은 인간존재를 구성하는 색온(色蘊: 몸의 감각 무더기)·수온(受蘊: 즐거움이나 괴로움 등 느낌의 무더기)·상온(想蘊: 관념의 무더기)·행온(行蘊: 의지나 충동의 무더기)·식온(識蘊:

1 마음을 일으키는~일이 없다: 『경덕전등록』에 보이는, 대주 혜해의 말.

인식의 무더기)의 다섯 가지 요소를 가리키는 말이다.

"번뇌마"는 온마로부터 비롯된 번뇌를 말한다.

천마·음마(온마)·번뇌마와 인간의 생명을 빼앗는 사마(死魔)를 아울러 '사마'(四魔)라 한다. 사마(四魔)는 본래 하나의 마귀이지만 이치에 따라 넷으로 나누어 본 것으로, 음마가 번뇌를 만들어 번뇌마가 생기면 천자마가 그 틈을 얻는다고 한다.

32 안광이 땅에 떨어질 때

공부가 만약 나와 남의 분별을 떠난 경지에 이른다면 비록 이생에서 꿰뚫어 깨치지 못할지라도, 안광(眼光)이 땅에 떨어질 때 악업(惡業)에 이끌리지 않을 것이다.[1]

수행하는 사람이 공부하는 과정에서 빠른 효과를 구하다가 마침내 물러나 굴복하기에 이르므로 각별히 위로한 말이다.

모든 사람이 죽음에 이르면 안광이 땅에 떨어지는데, 평생의 선업과 악업이 다 나타나 보인다. 비록 공부를 꿰뚫어 깨치지 못할지라도 악업에 이끌리지 않음은 반야(般若)의 힘이 승리했기 때문이다.

해설

"악업"은 몸과 입과 마음으로 짓는 악한 행위를 말한다.

"반야"는 팔리어 '파냐'(paññā: 산스크리트어 '프라즈냐' prajñā)의 번역어로, 완전한 앎, 궁극의 지혜를 뜻한다. 뜻을 풀이하여 혜(慧), 혜명(慧明), 극지(極智) 등으로도 번역된다.

---

1 공부가 만약~않을 것이다: 대혜 종고의『서장』에서 따온 말.

33 반조

불법에 절실하게 반조[1]하는 공을 들여 스스로 수긍하고 머리를 끄덕이는 사람이라야 비로소 화두를 말할 명분이 있다.[2]

말만 배우는 무리들을 경계하여 죽비를 치는 말이다.

"반조"는 본각[3]이 내가 되고 시각[4]이 남이 되어 남의 시각으로 나의 본각을 비추어 보는 것이다.

'말'은 뜻을 나타내는 수단이니, 뜻을 얻고 말을 잊은 사람이라야 말할 명분이 있다.

옛사람이 말했다.

"증득[5]은 사람에게 보일 수 없으나, 증득이 아니면 이치를 깨치지 못한다."[6]

---

1 반조(返照): 저녁 햇살이 세상 만물을 다시 강하게 비추어 밝히듯 자기 안의 청정한 빛을 비추어 돌이켜본다는 뜻.

2 불법에 절실하게~명분이 있다: 『법집별행록절요』에서 따온 말.

3 본각(本覺): 본각명(本覺明). 조목 29 주 2 참조.

4 시각(始覺): 시각명(始覺明). 조목 29 주 3 참조.

5 증득(證得): 수행을 통해 진리를 체득함.

6 증득은 사람에게~깨치지 못한다: 화엄종의 제4조인 당나라의 선승 징관(澄觀, 738~839)이 황태자가 마음의 요결을 물은 데 답한 편지에 보이는 말. 대혜 종고의 『서장』에도 이 말이 실려 있다.

해설

“반조”, 곧 회광반조(回光返照)의 의미를 ‘수행을 통해 번뇌를 차츰 깨뜨려 나가는 남의 관점’에서 ‘본래 갖추고 있는 나의 불성’을 비추어 보는 것이라고 정의했다.

34 마음이 목석같은 사람

마음이 목석같은 사람이라야 비로소 도를 배울 연분(자질)이 있다.[1]

마음을 풀어놓은 무리들을 경계하여 죽비를 치는 말이다.

무심으로만 무생의 도에 조금이나마 상응할 것이다.

해설

목석같은 마음은 "무심"이다.

"무생의 도"는 생성도 소멸도 없는 불생불멸의 도를 말한다.

1 마음이 목석같은~연분(緣分)이 있다:『완릉록』에 보이는, 황벽 희운의 말.

4장

미혹

35 부처를 거꾸러뜨렸는가

1

참선하는 사람들이여, 네 가지 은혜가 깊고 두터움을 아는가?
사대[1]로 이루어진 더러운 몸이 순간순간 낡아 가는 것을 아는가?
사람의 목숨이 호흡 한 번에 달린 것을 아는가?[2]
살아오면서 부처와 조사를 만났는가?
또 무상(無上: 최고)의 법을 듣고 드문 기회를 만났다는 마음을 가졌는가?
승당(僧堂: 절)을 떠나지 않고 절개를 지녔는가?
곁에 있는 사람과 잡담하지 않았는가?
남의 시비 부추기는 일을 하지 않았는가?
화두가 24시간 또렷하여 어둡지 않은가?
남과 만나 이야기할 때에도 화두 참구가 끊어진 적은 없는가?
보고 듣고 느끼고 알 때 화두와 한 덩어리를 이루었는가?
자신을 돌아보아 부처와 조사를 붙잡아 거꾸러뜨렸는가?
이생에서 반드시 부처의 지혜를 이어받겠다고 결단했는가?

---

1 사대(四大): 불교에서 말하는, 세상 모든 존재를 구성하는 네 가지 요소, 곧 지(地)·수(水)·화(火)·풍(風).

2 네 가지~것을 아는가: 휴정의 「참선문」에 나오는 말.

이생에 한 번 받은 몸으로 윤회를 벗어나겠다고 결단했는가?
팔풍[3]의 경계(境界: 대상)와 마주하여 마음을 움직이지 않았는가?
앉으나 서나 편안히 있을 때조차 도리어 지옥의 고통을 생각하는가?
이것이 참선하는 사람이 평상시에 살펴볼 도리다.[4]

옛사람이 말했다.
"이 몸을 이생에서 제도하지 않으면 다시 어느 생을 기다려 이 몸을 제도할까!"[5]

"네 가지 은혜"는 어버이와 스승과 임금과 보시이다. 어버이는 낳고, 스승은 가르치고, 임금은 지켜 주고, 보시는 길러 준다.

"사대"는 물과 땅과 불과 바람이다. 물은 적시고, 땅은 견고하게 하며, 불은 따뜻하게 하고, 바람은 움직이게 한다.

---

3 팔풍(八風): 마음을 흔들어 수행을 방해하는 여덟 가지 장애를 바람에 비유한 말. 나에게 이로워 보이는 네 가지 순풍(順風)과 나에게 해로워 보이는 네 가지 역풍(逆風)이 있는데, 순풍에는 이(利: 내게 이로운 것), 예(譽: 나를 기리는 것), 칭(稱: 나를 칭찬하는 것), 락(樂: 나를 즐겁게 하는 것)이 있고, 역풍에는 쇠(衰: 내 세력이 줄어드는 것), 훼(毁: 나를 헐뜯는 것), 기(譏: 나를 나무라는 것), 고(苦: 나를 수고롭게 하는 것)가 있다.

4 앉으나 서나~살펴볼 도리다: 휴정의 「참선문」에 나오는 말.

5 이 몸을~몸을 제도할까: 대혜 종고의 『서장』에 나오는 구절.

"더러운 몸"은 아버지의 정액(精液) 한 방울과 어머니의 피 한 방울이 화합해야만 이 몸을 이루므로 수대(水大: 물)가 근본이다. 오직 물만 있고 땅이 없으면 기름 같아서 흘러 떨어질 것이며, 오직 땅만 있고 물이 없으면 마른 가루 같아서 어우러지지 못할 것이다. 땅과 물이 있고도 불이 없으면 응달의 고기 조각 같아서 썩을 것이며, 땅과 물과 불이 있고도 바람이 없으면 자라지 못할 것이다.

이 몸이 이루어질 때 콧구멍이 먼저 이루어져 어머니의 숨끝에 붙으므로 우리말로 '자식'(子息)이라 부른다. 그러므로 태어날 때도 바람과 불을 먼저 얻고, 죽을 때도 바람과 불을 먼저 잃는다.

이제 살펴보건대 머리털과 손톱과 살갗과 뼈 등은 땅에 보내고, 고름과 피와 땀과 대소변 등은 물에 보내고, 따뜻한 기운은 불에 보내고, 모든 움직임은 바람에 보내니, 사대가 저마다 떠나매 주인이 없다. 이미 사대가 주인이 없으니 허튼 마음도 그러하거늘, 중생들은 스스로 법신(法身: 불법, 혹은 불성)과 참된 지혜를 잃고 저 사대의 인연을 생각하여 순간순간 생멸하고, 순간순간 욕심내고 성내며 헤매다가 돌아오지 못하니, 실로 애석하다!

"호흡"은 숨을 내쉬는 것을 '호'(呼)라 하니 불이며 양(陽)이요, 숨을 들이쉬는 것을 '흡'(吸)이라 하니 바람이며 음(陰)이다. 사람 목숨의 살고 죽음이 '호'와 '흡'에 달려 있다.

"팔풍"은 순풍(順風)이 넷이니 칭찬과 기림 등이고, 역풍(逆風)이 넷이니 나무람과 헐뜯음 등이다.

2

위의 법어(法語)는 마치 사람이 물을 마시고 물이 차가운지 따뜻한지 스스로 아는 것과 같다. 총명으로 업을 대적할 수 없고, 마른 지혜[6]로 괴로운 윤회를 면할 수 없다.[7] 그러니 모름지기 저마다 살피고 생각해서 의심하여 머뭇거리거나 자신을 속이지 말아야 한다.

이 글은 불법을 업신여기는 사람이 자신의 눈이 밝지 못하면서도 한갓 총명과 마른 지혜를 믿어 위의 법어에서 말한 규정과 절차를 실행하지 못하면서도 실행하는 듯이 분수를 넘는 과도한 말을 하여 어렴풋이 자기를 속이므로 저마다 돌이켜보도록 경계한 것이다.

해설

『원각경』에 다음 구절이 보인다.

"나는 지금 사대(四大)가 모여서 된 것이니, 머리털과 손톱과

6 마른 지혜[乾慧]: 생사의 이치를 알되 선정(禪定)의 힘이 충실하지 못하여 깨달음이 완전하지 않은 지혜.

7 총명으로 업(業)을~면할 수 없다: 당나라의 선승 분주(汾州) 무업(無業)의 말로, 『경덕전등록』에 보인다. 분주 무업은 마조 도일의 제자로, 산서성(山西省) 분주에서 불법을 폈다.

이와 살과 뇌수(腦髓) 등은 땅으로 돌아가고, 눈물과 피와 침과 진액 등은 물로 돌아가고, 따뜻한 기운은 불로 돌아가고, 움직임은 바람으로 돌아가나니, 사대가 다 흩어지면 지금의 허망한 몸이 어디 있겠는가."

휴정의 「연화도인에게 주다」(贈蓮華道人) 시에 "육신은 사대가 모인 것이요/대지는 하나의 새장"(根身四大聚, 大地一樊籠)이라는 구절이 보인다.

본문의 2 단락이 한문본에는 본문 1 단락에 대한 평(評)으로 실려 있다.

한문본 주해에서는 지옥의 고통을 다음과 같이 서술했다.

"인간세계 육십 겁의 기나긴 시간이 지옥에서는 하루 낮과 밤이다. 지옥의 펄펄 끓는 큰 솥과 화로며 칼과 창으로 가득한 숲과 산의 고통은 이루 다 표현할 수 없다."

36 말만 배우는 무리

말만 배우는 무리는 말할 때는 깨달은 듯하지만 대상과 마주하면 도로 미혹되니,[1] 이른바 '말과 행동이 서로 어긋난 사람'이다.

위(조목 35)에서 "자신을 속인다"라고 한 말의 뜻을 매듭지었다.

해설

한문본 주해에는 "말과 행동이 서로 어긋나면 그 허실을 가려낼 수 있다"라는 구절이 더 있다.

1 말할 때는~도로 미혹되니 : 『몽산법어』에 나오는 구절.

37 마음에서 생각이 떠나면

깨침이 그리 깊지 못한 사람은 비록 종일토록 마음을 살펴도 항상 정결함에 얽매이고, 비록 만물이 허허로움을 보더라도 항상 경계(境界: 대상)에 얽매인다.
이 사람의 병은 오직 보고 듣고 느끼고 아는 것을 공적(空寂)한 영지(靈知: 반야, 곧 궁극의 지혜)로 잘못 알고 신기루 끝에 앉아 있는 데 있다. 그러므로 만일 마음의 본체에서 생각이 떠난 것을 깊이 알지 못하면 마침내 보고 듣고 느끼고 아는 것이 옮겨다님을 면하지 못할 것이다.[1]

깨달았다고 하지만 실은 잘못 깨달은 사람의 병을 나타낸 말이니, 또한 위의 글에 있는, 묵조선[2]을 하는 삿된 승려 무리를 가리킨 것이다.

옛사람이 "마음은 마음을 볼 수 없다"[3]라 하고, "마음은 경계(대상)가 아니다"[4]라 하고, "마음을 헤아리면 곧바로 어긋

1 깨침이 그리~못할 것이다: 『법집별행록절요』에서 따온 구절.
2 묵조선(默照禪): 묵언 수행을 통해 본래 지닌 청정한 자성을 찾는, 조동종의 참선법. 이와 대비되는 것이 화두를 근거로 수행하는 '간화선'(看話禪)이다.
3 마음은 마음을 볼 수 없다: 『대승기신론소』에 나오는 말.
4 마음은 경계가 아니다: 『화엄경』에 나오는 말.

난다"[5]라 했거늘, 마음을 일으켜 관조(觀照)하겠다면 뜻을 잃었다고 할 만하다.

해설

"공적"(空寂)은 텅 비어 고요함, 생성도 소멸도 없는 고요함을 뜻한다.

『서장』에 "정결한 곳을 생각하지 말라/정결한 곳이 사람을 다치게 하네"(莫戀淨潔處, 淨處使人傷)라는 게송이 보인다.

---

5 마음을 헤아리면 곧바로 어긋난다: 『벽암록』에 나오는 말.

38 원인과 결과를 떠난 법

법은 삼세를 떠난 것이니, 원인과 결과로 맞히려 하는 것은 옳지 않다.[1]

본래 '법'(불법)이 원인과 결과를 떠나 존재함을 밝혔다.

"법"은 본래 진심(眞心)이고, "삼세"는 중생이 인연의 세계를 초월한 지혜 속에서 자신의 마음이 절로 미혹되어 허망하게 변화하여 일어난 것이니, 허망으로 진심에 부합할 수 없음을 알 것이다.

해설

"삼세"는 전세·현세·내세, 혹은 과거·현재·미래를 말한다.

"진심"은 허망함이 없는, 참된 마음이다.

---

1 법은 삼세(三世)를~옳지 않다: 대주 혜해의 말로, 『경덕전등록』에 보인다.

39 마음을 비우고

모름지기 마음을 비우고 자신을 비추어 한순간 연기(緣起)가 생겨남이 없음을 믿어야 한다. 그러나 무명의 힘이 크기에 먼 훗날까지 오래 수양하여 간직하고 잊지 않기가 어렵다.[1]

마음의 작용에 원인과 결과가 뚜렷함을 밝혔다.

'한순간 연기가 생겨남이 없음'은 '돈'(頓: 돈오)이니 원인이고, '오래 수양하여 간직함'은 '점'(漸: 점수)이니 결과이다.

해설

돈오와 점수의 두 문(門)이 수행의 시작과 끝이요 원인과 결과임을 거듭 강조했다.

---

1 모름지기 마음을~않기가 어렵다:『법집별행록절요』에서 따온 말.

40 미혹이 일어나는 이유

미혹은 본래 일어날 곳이 없거늘 참(眞)을 모르면 문득 일어난다.[1]

미혹이 일어나는 원인을 밝혔다.

새끼줄을 뱀이라 착각하고, 나무 그루터기를 귀신이라 착각하는 것은 본성이 텅 비어 있기 때문이다.

해설

'승사올귀'(繩蛇杌鬼), 곧 새끼줄을 뱀으로, 나무 그루터기를 귀신으로 착각하고 벌벌 떤다는 비유가 『대승기신론소필삭기』 등에 보인다.

---

1 미혹은 본래~문득 일어난다 : 『육조단경』에서 따온 말.

41 미혹은 근본 없는 것

만약 미혹이 근본 없는 것임을 알면 바람이 연기를 걷어내듯이 허공의 꽃과 같은 삼계(三界)가 사라지고, 더운물이 얼음을 녹이듯이 허깨비 같은 육진(六塵)이 사라질 것이다.[1]

미혹의 이유를 환히 밝혔다.

살갗이 없으면 털이 붙을 곳이 없다.

해설

"삼계"는 중생이 윤회하는 세 가지 세계, 곧 욕계(欲界), 색계(色界), 무색계(無色界)를 말한다. '욕계'는 식욕과 재욕(財欲) 등의 욕망에 사로잡힌 중생들이 사는 가장 낮은 세계이고, '색계'는 욕망이 적으나 물질의 지배를 벗어나지 못한 중생들이 사는 세계이며, '무색계'는 욕망과 물질의 지배를 벗어났으나 '나'를 버리지 못한 중생들이 사는 높은 세계이다. 『임제록』에 "너희들 마음속의 탐심(貪心)이 바로 욕계요, 진심(瞋心)이 바로 색계요, 치심(癡心)이 바로 무색계다"라는 말이 있다.

---

1 만약 미혹이~사라질 것이다: 『수심결』에 나오는 구절.

"육진"은 중생의 마음을 어지럽히는 여섯 가지 대상, 곧 색(色)·성(聲)·향(香)·미(味)·촉(觸)·법(法)을 말한다.

42 자신을 낮추지도 높이지도 말라

그러나 이 마음을 범부와 성인이 똑같이 가졌거늘, '과'(果: 결과)는 드러나 믿기 쉬우나 '인'(因: 원인)은 숨어 있어 밝히기 어렵다. 그러므로 깨달음이 얕은 무리는 '인'을 가벼이 여기고 '과'를 중히 여긴다. 바라건대 도를 공부하는 모든 이들은 자신의 마음을 깊이 믿어 자신을 낮추지도 말고 자신을 높이지도 말아야 한다.[1]

"과"(果)는 성인이고, "인"(因)은 범부다. 성인의 경지만 높이 추켜세우는, 천박한 견식을 지닌 무리는 자신의 마음을 가볍게 여기고 성인의 지혜만 중히 여긴다. 그러나 진실로 도를 공부하는 사람은 '불변의 이치'로 보건대 범부와 성인이 평등하므로 자신을 낮추지 말아야 하며, '인연에 따르는 이치'로 보건대 범부와 성인이 뚜렷이 다르므로 자신을 높이지 말아야 한다.

---

1 그러나 이~말아야 한다: 규봉 종밀의 『원각경 약소』와 『법집별행록절요』에서 따온 구절.

해설

“인”은 원인이 되는 행위나 인연, “과”는 원인으로부터 말미암아 생긴 과보(果報)를 말한다.

‘인’과 ‘과’, 범부와 성인을 대비한 의미는 한문본에 추가된 다음 주해에 자세하다.

이 마음은 평등해서 본래 범부와 성인의 구별이 없다. 그러나 대개 사람에게는 미혹됨과 깨달음, 범부와 성인의 차이가 있다.

스승으로 인하여 격발되어 문득 ‘참된 나’가 부처와 다름없다는 것을 깨닫는 것이 ‘돈’(頓: 돈오)이다. 이것이 바로 ‘자신을 낮추지 말라’고 한 까닭이니, “본래부터 어떤 물건도 없거늘”[2]이라는 말과 같다.

깨달음을 통해 습관을 끊고 범부에서 성인에 이르는 것이 ‘점’(漸: 점수)이다. 이것이 ‘자신을 높이지 말라’고 한 까닭이니, “수시로 부지런히 떨고 닦아”[3]라는 말과 같다.

자신을 낮추는 것은 교(敎)를 배우는 이들의 병이고, 자신을 높이는 것은 선(禪)을 배우는 이들의 병이다. 교를 배우는 이들은

---

2 본래부터 어떤 물건도 없거늘: 신수(神秀)가 지은 게송(다음 주 3 참조)에 대해 육조 혜능이 지은 게송의 한 구절. 『육조단경』의 게송 전문은 다음과 같다. “보리는 본래 나무가 없고/밝은 거울 또한 받침이 없네./본래부터 어떤 물건도 없거늘/어디에 띠끌이 있으리?”

3 수시로 부지런히 떨고 닦아: 오조(五祖) 홍인(弘忍) 앞에서 신수(神秀)가 읊은 게송의 한 구절. 『육조단경』에 실린 게송 전문은 다음과 같다. “몸은 보리수요/마음은 맑은 경대(鏡臺)./수시로 부지런히 떨고 닦아/티끌이 끼지 않게 하라.”

'선'의 문에 깨달음으로 들어가는 비결이 있음을 믿지 못하고 방편에 불과한 '교'에 깊이 가로막혀 참과 거짓의 구별에 특별히 집착하며 참선 수행을 하지 않고 남의 진귀한 보배만 헤아리므로 자신을 낮춘다. 선을 배우는 이들은 '교'의 문에 수행하고 끊어 버리는 바른 길이 있음을 믿지 못하고 더러운 습관이 일어나도 부끄러움을 갖지 않으며 수행의 단계가 낮아도 자만하는 마음이 많으므로 말이 지나치게 높다. 이 때문에 마음을 닦는 데 뜻을 얻은 사람은 자신을 낮추지도 않고 높이지도 않는다.

43 깨달음과 미혹

깨달은 사람은 단박에 다 보지만 미혹된 사람은 아득한 영겁을 기약한다.[1]

피안과 차안이 하루와 겁(劫)처럼 멀다.[2] 부처님께서 "기이하다!"라고 찬탄하신 것이 참으로 이 때문이다.

해설

"피안"과 "차안"은 저쪽의 언덕, 곧 열반의 세계와 이쪽의 언덕, 곧 인간세계를 말한다.

『화엄경』에 "기이하다, 기이하다! 모든 중생이 여래의 지혜를 가졌거늘 미혹에 빠져 보지 못하는구나"라는 석가세존의 말이 보인다.

---

1 깨달은 사람은~영겁을 기약한다: 대주 혜해의 말로, 『경덕전등록』에 보인다.

2 피안(彼岸)과 차안(此岸)이 하루와 겁(劫)처럼 멀다: 『능엄경』에 나오는 구절.

5장

헛됨 없는 돈오

44 이치를 단박에 깨쳐도

경전에 이런 말씀이 있다.

"이치는 비록 단박에 깨쳐도 현상은 단박에 없애지 못한다."[1]

또 이런 말이 있다.

> 문수보살[2]은 천진(천진무구)에 이르렀고,
> 보현보살[3]은 연기(원인에 따른 결과)를 밝혔네.[4]

번갯불처럼 빨리 이치를 아는 것은 원인에 이미 결과가 갖추어져 있기 때문이고, 곤궁한 자식처럼 행동하는 것은 결과가 원인

---

1 이치는 비록~없애지 못한다: 『능엄경』에서 따온 말. 『능엄경』의 해당 구절은 다음과 같다. "이치〔理〕는 단박에 깨칠 수 있으니 깨침에 의지해서 모두 사라지나, 현상〔事〕은 단박에 없앨 수 없으니 차례를 따라 사라진다."

2 문수보살(文殊菩薩): 수많은 사찰의 대웅전에서 석가세존의 왼쪽 자리에 있는, 지혜를 상징하는 보살. '문수'는 산스크리트어 '만주슈리'(Mañjuśrī)를 '문수사리'(文殊師利)로 옮긴 데서 온 말이다. 석가세존이 입적한 뒤 인도에 태어나 반야의 도리를 선양했다고 한다.

3 보현보살(普賢菩薩): 석가세존의 오른쪽 자리에 있는, 실천을 상징하는 보살. 산스크리트어 '사만타바드라'(Samantabhadra: 보편적인 선)를 뜻으로 옮겨 '보현'이라 했다. 중생이 자신의 처지에 맞게 석가세존의 가르침을 실천할 수 있도록 도와주는 보살로, 대행보살(大行菩薩)이라고도 부른다. 문수보살, 보현보살, 관세음보살(觀世音菩薩), 지장보살(地藏菩薩)을 통상 4대 보살로 꼽는다.

4 문수보살은 천진(天眞)에~연기(緣起)를 밝혔네: 휴정의 「『원각경』 중간 모연게」(圓覺經重刊募緣偈)에 나오는 말.

의 근원을 꿰뚫기 때문이다.[5] 지혜는 본성을 깨닫게 하고, 행동은 허깨비에서 분명히 벗어나게 한다.

해설

본문의 첫 인용에서 "이치"와 "현상"은 각각 "리"(理)와 "사"(事)를 번역한 말이다. "현상"을 '일상의 버릇'으로 옮기면 더 이해하기 쉬울 듯하다.

본문의 나중 인용은 '문수보살은 본래 모습인 부처의 천진함을 지혜로 통달했고, 보현보살은 세상의 온갖 연기를 보살행으로 밝혔다'는 의미이니, 문수보살의 지혜로 돈오하고, 보현보살의 자비심 깊은 보살행으로 점수해야 한다는 말이다.

주해의 "곤궁한 자식"은 부자 아버지를 떠나 고생하는 곤궁한 아들, 곧 부처를 떠나 불성을 잃어버린 중생을 비유한 말이다.

---

5 번갯불처럼 빨리~꿰뚫기 때문이다: 『화엄경소』(華嚴經疏)의 다음 구절과 유사하다. "처음 발심할 때 깨달음을 이룸은 원인이 결과를 겸한 것이요, 비록 불도를 얻더라도 인연을 버리지 않는 것은 결과가 원인을 꿰뚫음이다."

45 바른 지견

본성을 깨닫는 일이 수행만으로 일어나지 않음을 잘 아는 것을 바른 지견이라고 한다.[1]

본성은 본래 청정하여 오염되지 않는다.

해설

"지견"은 분별하지 않고 대상을 있는 그대로 직관하는 능력을 말한다. 『능엄경』에 "지견에서 '지'(知)를 세우면 곧 무명의 근본이고, 지견에서 '견'(見)이 없으면 곧 열반이다"라고 했다.

1 본성을 깨닫는~지견(知見)이라고 한다: 규봉 종밀의 『원각경 약소』에 나오는 말.

46 머무름 없는 마음

큰 도는 마음을 근본으로 삼고, 심법(心法: 마음)은 머무름 없음을 근본으로 삼는다. 머무름 없는 마음의 본체가 신령하고 지혜로우며 어둡지 않으므로 본성(性)과 현상(相)이 고요하여 덕용(德用: 공덕의 작용)을 감싸 안는다.[1]

"마음"은 모든 부처와 중생의 미혹과 깨달음의 근본이고, "본성"은 텅 비어 자취가 없으며, "현상"은 형상이 뚜렷하다.

'법'(法)이라는 글자가 '삼세를 떠남'에서 처음 일어나 '머무름 없음을 근본으로 삼음'에서 끝나니, 텅 비어 고요하며 신령하고 지혜로움을 거듭 밝혔다.

해설

주해의 "'법'이라는 글자가 '삼세를 떠남'에서 처음 일어나" 구절은 앞의 조목 38 내용을 가리키고, "머무름 없음을 근본으로 삼음"은 이 조목을 가리킨다.

---

1 큰 도는~감싸 안는다: 당나라의 선승 징관이 황태자가 마음의 요결을 물은 데 답한 편지에서 인용한 말. 『경덕전등록』에 보인다.

47 바른 눈

고덕(古德)이 말했다.

"오직 네 눈이 바른 것을 귀하게 여길 것이요, 네가 실천할 곳을 귀하게 여기지 말라."[1]

옛날 앙산 혜적[2] 선사가 "『열반경』(涅槃經) 40권이 모두 마귀의 말입니다"라고 했으니, 이는 앙산의 바른 눈이다.

또 앙산이 위산 영우 화상에게 실천할 곳을 묻자 위산 화상이 말했다.

"오직 네 눈이 바른 것을 귀하게 여길 것이요, 네가 실천할 곳을 귀하게 여기지 말라."

이는 바른 눈을 환히 뜬 뒤에야 실천할 수 있음을 보인 것이다.

---

1 오직 네~여기지 말라: 당나라의 선승인 위산 영우의 말로, 『경덕전등록』에 보인다.

2 앙산(仰山) 혜적(慧寂): 생몰년 815~891년. 당나라의 선사로, 스승인 위산 영우와 함께 위앙종(潙仰宗)을 개창했다. '앙산'은 혜적이 수행한, 중국 강서성의 산 이름이다.

해설

“고덕”은 도가 높은 고승의 존칭이다.

위산 영우와 앙산 혜적의 문답을 옮긴 주해 내용은 『경덕전등록』에 보인다.

『열반경』, 곧 『대반열반경』(大般涅槃經)은 석가세존의 생애 마지막 몇 달 동안의 행적과 최후 설법 등을 기록한 것이니, 『열반경』이 마귀의 말이라는 것은 석가세존의 최후 설법을 부정한다는 의미다.

한문본 주해에는 “그러므로 만약 수행하고자 한다면 먼저 돈오해야 한다”라는 말이 더 있다.

48 마음을 모르면

고덕이 말했다.

"번뇌의 본성이 실체 없이 텅 빈 것이요 마음의 본성이 본래 청정함을 알지 못한다면 깨달음이 아직 꿰뚫지 못한 것이니, 수행이 어찌 진실에 걸맞겠는가?"[1]

그러므로 이렇게 말했다.

"마음을 모르고 도를 닦으면 오직 무명을 도울 뿐이다."[2]

또 이런 말씀이 있다.

"자신의 마음을 능히 알지 못하면 어찌 정도를 알겠는가?"[3]

금으로 그릇을 만들면 그릇마다 모두 금이요, 흙으로 그릇을 만들면 그릇마다 모두 흙이다.

해설

한문본 주해에는 "깨침과 수행은 마치 기름과 환한 불, 눈과 발이

---

1 번뇌의 본성이~진실에 걸맞겠는가: 규봉 종밀의 말로, 『법집별행록절요』에 보인다.

2 마음을 모르고~도울 뿐이다: 규봉 종밀의 『원각경 약소』에서 따온 말.

3 자신의 마음을~정도(正道)를 알겠는가: 『화엄경』에 나오는 말.

서로 의지하는 것과 같다"라는, 『원각경 약소』에서 따온 구절이 더 있다.

49 헛됨 없는 돈오

먼저 수행하고 나중에 깨치는 것은 '공(功) 있는 공(功)'이므로 공(功)이 생멸(生滅)의 과정으로 돌아가지만, 먼저 깨치고 나중에 수행하는 것은 '공 없는 공'이므로 공이 헛되이 버려지지 않는다.[1]

먼저 깨치는 것은 옥에 본래 흠이 없음이고, 먼저 수행하는 것은 무늬를 아로새겨 본래의 덕을 잃음이다.

해설

"공 있는 공"은 인위적인 공력을 들인 공을, "공 없는 공"은 인위적인 공력을 들이지 않은 공을 말한다.

당나라의 불교학자 이통현(李通玄, ?~730)은 『신화엄경론』(新華嚴經論)에서 "'공 없는 공'은 공이 헛되이 버려지지 않으나, '공 있는 공'은 공이 모두 무상(無常)하여 여러 겁 동안 쌓은들 결국 무너

1 먼저 수행하고~버려지지 않는다: 『종경록』에 나오는, 당나라의 선사 사공(司空) 본정(本淨, 677~761)의 말이다. 본정은 육조 혜능의 제자로, 안휘성(安徽省) 사공산(司空山)의 이조사(二祖寺)에 머물렀다.

진다"라고 했다.

50 실 끊어진 꼭두각시

스스로 깨치고 수행하면 주체〔能〕와 객체〔所〕를 봄이 없으니,[1] 비유컨대 꼭두각시를 놀리다가 실이 끊어지면 단번에 꼭두각시의 움직임이 그치는 것과 같다.[2]

무심(無心)이 도의 문에 부합함을 밝혔다.

'정학'(定學: 선정禪定의 공부)이라는 것은 이치에 알맞게 당기고 풀어주므로 인연을 잊는 힘이 있고, '혜학'(慧學: 미혹을 끊고 지혜를 꿰뚫는 공부)이라는 것은 불법을 가려내 공(空)을 보므로 쓸어버리는 공(功)이 있다. 그러나 스스로 깨치고 수행하는 사람은 티끌 하나까지 없애고 마주하니, 어찌 쓸어버리는 공에 수고로울 것이며, 일념도 없이 마음을 내니 어찌 인연을 잊는 힘을 빌리겠는가?

1 스스로 깨치고~봄이 없으니:『법집별행록절요』에 나오는 말.

2 비유컨대 꼭두각시를~것과 같다: 사공 본정의 게송에서 따온 말. 게송의 해당 구절은 다음과 같다. "도를 닦는 자들 두루 보니/불을 헤치면서 물거품 찾네./꼭두각시 놀음을 보라/실이 끊어지면 단번에 멈추나니."(徧觀修道者, 撥火覓浮漚. 但看弄傀儡, 線斷一時休.)

해설

"주체"와 "객체"가 원문에는 "능"(能)과 "소"(所)로 되어 있다. '능'은 능동적인 주체, '소'는 수동적인 객체를 말한다.

『임제록』에 "무대 위의 꼭두각시 놀음을 보라. 그 뒤에 끌고 당기는 사람이 있다"라는 구절이 보인다.

51 불법은 본래 얽매임이 없으니

법은 본래 얽매임이 없으니 무슨 풀 것이 있겠는가? 법은 본래 더럽지 않으니 무슨 씻을 것이 있겠는가?

본래부터 해탈이며 본래부터 청정함을 거듭 밝혔다.

해설

본문과 비슷한 구절이 『능가경』과 『육조단경』 등에 보인다.

52 바른 법을 찾는 것이 사악함이다

중생심을 버리지 말고, 오직 자성(自性: 자신의 본성, 곧 불성)을 더럽히지 말라. 바른 법을 구하는 것이 곧 사악한 법이다.[1]

본래부터 더럽지 않음을 거듭 밝혔다.

해설

"중생심", 곧 중생의 마음 안에는 중생의 미혹한 마음과 부처의 청정한 마음이 모두 들어 있다고 한다. 부처의 마음이 참다운 나의 마음, 곧 자성이다.

한문본에는 "버리고 구함이 모두 더럽히는 것이다"라는 주해가 있다.

1 중생심을 버리지~사악한 법이다: 대주 혜해의 말로, 『경덕전등록』에 보인다.

53 송장 지키는 귀신

한순간이라도 마음〔情〕을 내면 곧 다른 땅에 떨어지리니,[1] 이를 '송장 지키는 귀신'이라고 한다.

순간순간 찰나에 윤회함을 밝힌 말이다.

마음도 여러 종류가 있고, 땅 또한 여러 종류가 있다. 그러나 그 근본은 세 가지이니, 탐욕은 아귀요, 분노〔瞋〕는 지옥이요, 어리석음은 축생이다.[2] 이들은 모두 지혜가 없으므로 "송장 지키는 귀신"을 면치 못한다.

해설

"다른 땅"은 중생이 악업을 지은 결과 가게 되는 삼악도(三惡道),

1 한순간이라도 마음을~땅에 떨어지리니 : 『전심법요』에 나오는 구절.

2 탐욕〔貪〕은 아귀(餓鬼)요~어리석음〔癡〕은 축생(畜生)이다 : 휴정은 「경술년(1550) 가을에 금강산 향로봉에 머무는데 한 선자가 묘향산에서 나를 찾아와 제불중생과 삼도마장 연기의 이유를 매우 근실하고 간절하게 묻기에 마침내 하나의 게송을 지어 물음에 답하다」(庚戌秋, 住楓岳山香爐峯, 有一禪子, 來自妙香山訪余, 因問諸佛衆生與三途魔障緣起之由, 勤勤懇懇, 遂縷一偈, 因問以答云)에서 "분노의 마음은 지옥이요/탐욕의 마음은 아귀요/어리석은 마음은 축생이다"(瞋心是地獄, 貪心是餓鬼, 癡心是畜生)라고 했다.

곧 지옥·아귀·축생을 말한다. "아귀", 곧 아귀도(餓鬼道)는 음식을 먹을 수 없고, 혹시 많은 음식을 먹게 된다 해도 영원히 굶주림으로 고통 받는다는 세계다. "축생"은 짐승의 몸이 되어 괴로움을 받는다는 세계다.

"송장 지키는 귀신"이란 진리를 깨치지 못하고 망상에 사로잡혀 자신의 육신만 지킨 채 윤회하는 중생을 비유한 말이다. 『고봉원묘선사어록』 등에 보인다.

"탐욕"과 "분노"와 "어리석음", 곧 탐(貪)·진(瞋)·치(癡)는 열반에 이르는 데 장애가 되는 세 가지 번뇌다. 이 셋을 아울러 '삼독'(三毒)이라 한다.

54 대열반

번뇌를 끊는 것을 '이승'(二乘)이라 하고, 번뇌가 일어나지 않는 것을 '대열반'이라 한다.[1]

'번뇌를 끊음'은 본성을 거스르는 것이고, '번뇌가 일어나지 않음'은 본성을 따르는 것이다.

번뇌에 크게 두 가지가 있으니, 허망한 집착이나 불법과 다른 견해를 지니는 것은 이사(利使)이고, 허망한 것을 참이라고 여기는 것은 둔사(鈍使)이다.

해설

번뇌를 끊는 "이승"의 과정을 뛰어넘어야 열반에 이른다고 했다.

"이승"은 번뇌를 끊고 깨달음으로 인도하는 두 가지 가르침인 성문승(聲聞乘)과 연각승(緣覺乘), 곧 소승(小乘)을 말한다. '성문승'은 고집멸도(苦集滅道) 사성제(四聖諦: 네 가지 높은 깨우침)의

1 번뇌를 끊는~'대열반'(大涅槃)이라 한다: 남양(南陽) 혜충(慧忠, 675~775)의 말로, 『경덕전등록』에 보인다. 혜충은 육조 혜능의 제자로, 당나라 숙종(肅宗)과 대종(代宗)에게 국사(國師) 대우를 받아 '혜충 국사'라 불렸다.

도리를 통찰하여 깨달음에 이르게 하는 가르침을, '연각승'은 연기(緣起)의 이치를 통찰하여 깨달음에 이르게 하는 가르침을 말한다.

불교에서는 8만 4천 가지 번뇌를 여러 기준에 따라 분류하는데, 진리를 알지 못해 일어나지만 단번에 끊을 수 있는 번뇌를 "이사", 사물의 진상을 알지 못해 일어나기에 오랜 기간을 거쳐야 끊을 수 있는 번뇌를 "둔사"라고 한다.

55 살생과 도둑질

살생과 도둑질과 음란한 행동과 거짓말이 모두 한 마음에서 일어나는 것임을 자세히 보라. 그곳이 텅 비어 고요하거늘 무엇을 또 끊으랴?[1]

본성과 형상을 함께 밝혔다.

해설

살생과 도둑질과 음란한 행동과 거짓말은 불교에서 범하지 말아야 할 네 가지 계율이다. 여기에 '음주'를 더하면 다섯 가지 계율이 된다.

"그곳"은 마음을 뜻한다. "본성"은 텅 비어 아무 자취도 없는 본래의 마음을, "형상"은 인연에 따른 마음의 작용으로 말미암아 생성하고 소멸하는 온갖 현상을 가리킨다.

1 살생과 도둑질과~또 끊으랴: 『법집별행록절요』와 『수심결』에 나오는 말.

56 공(空)을 알지 못하면

그것이 형상임을 알지 못하면 도적이 곧장 일을 저지르고, 그것이 공(空)임을 깨닫지 못하면 영원히 끊지 못한다.[1]

앞에서 "먼저 수행하고 나중에 깨친다"라고 한 말을 매듭지었다.

해설

돈오가 전제되지 않은 수행의 허망함을 거듭 강조했다.

주해는 본문이 앞의 조목 49에서 "먼저 수행하고 나중에 깨치는 것은 '공 있는 공'이므로 공이 생멸의 과정으로 돌아간다"라고 한 말과 관련됨을 밝힌 것이다.

1 그것이 형상임을~끊지 못한다 : 규봉 종밀의 『원각경 약소』에 나오는 말.

57 끊어도 끊음이 없으며

경전에 이런 말씀이 있다.

"깨달음의 본성은 본래 깨끗하고, 무명은 본래 텅 빈 것이니, 이 이치를 깨달아 일념을 내지 않음을 '무명을 영영 끊었다'라고 한다."[1]

또 이런 말씀이 있다.

"끊되 끊어도 끊는 것이 없고, 닦되 닦아도 닦는 것이 없다."[2]

또 이런 말씀이 있다.

"생각이 일어나거든 곧장 알아차려라."[3]

앞에서 "먼저 깨치고 나중에 수행한다"라고 한 말을 매듭지었다.

---

1 깨달음의 본성은~끊었다'라고 한다: 『원각경』에서 따온 말.

2 끊되 끊어도~것이 없다: 『법집별행록절요』에서 따온 말. 『법집별행록절요』의 해당 구절은 다음과 같다. "비록 나중에 수행한다고 하지만 망념(妄念)이 본래 텅 빈 것이고 마음의 본성이 본래 청정한 것임을 이미 돈오하였으니, 악을 끊되 끊어도 끊는 것이 없고, 선을 닦되 닦아도 닦는 것이 없다."

3 생각이 일어나거든 곧장 알아차려라: 『법집별행록절요』에서 따온 말. 『법집별행록절요』의 해당 구절은 다음과 같다. "생각이 일어나거든 곧장 알아차려라. 알아차리면 즉시 아무것도 없다."

해설

본성은 본래 공적하니 악을 끊는다 해도 실은 끊을 것이 없고, 선을 닦는다 해도 실은 닦을 것이 없다. 주해는 본문 내용이 앞의 조목 49에서 "먼저 깨치고 나중에 수행하는 것은 '공 없는 공'이므로 공이 헛되이 버려지지 않는다"라고 한 말과 관련됨을 밝힌 것이다.

58 거울을 갈아

선덕이 말했다.

"도를 닦는 것은 거울을 갈아 빛을 내는 것과 같다. 비록 거울을 간다고 했으나 실은 티끌을 가는 것이니, 이른바 '도를 닦는다'는 것은 오직 미망(迷妄)을 없애는 것이다."[1]

윗글의 뜻을 모두 매듭지었다.

해설

'거울을 간다'라는 표현은 옛날 청동판을 연마하여 청동 거울을 만들고, 표면이 오염되면 수시로 갈아서 썼기에 한 말이다.

휴정은 이하 조목에서 거듭 인용한 규봉 종밀의 『원각경』 주해를 매우 높이 평가해서 「『원각경』을 강하다」(講圓覺) 시에서 "맑은 바람이 영취산(靈鷲山)에 불고/밝은 달이 규봉에 떠오르네"(淸風吹鷲嶺, 明月上圭峯)라고 했다.

1 도를 닦는~없애는 것이다: 규봉 종밀의 『원각경 약소』에 나오는 말.

6장

모두가 환

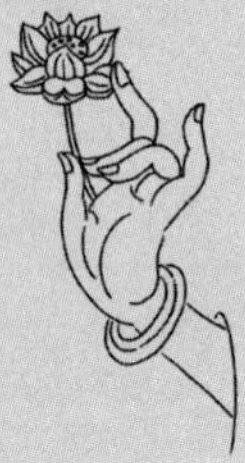

59 마음이 일월 같으면

팔풍과 오욕을 대하여 마음이 해와 달 같으면 천당에든 지옥에든 능히 잡히지 않을 것이다.[1]

본심의 빛을 높이 올려 천당과 지옥의 밖으로 나오도록 외친 말이다.

해설

선업을 쌓은 결과 이르는 천당에도, 악업을 쌓은 결과 이르는 지옥에도 얽매이지 말 것을 말했다.

"팔풍"은 마음을 흔들어 수행을 방해하는 여덟 가지 장애를 말한다.

"오욕"은 색욕(色欲)·성욕(聲欲)·향욕(香欲)·미욕(味欲)·촉욕(觸欲)의 다섯 가지 욕망을 말한다.

1 팔풍(八風)과 오욕(五欲)을~않을 것이다: 백장 회해(720~814)의 말로, 『경덕전등록』에 보인다.

60 마음에는 얼굴이 없거늘

선덕이 말했다.

"마음은 일만 가지 형상의 모범이고, 업[1]은 한 마음의 그림자와 메아리다."[2]

또 말했다.

"일체의 일만 가지 법이 마음으로 말미암아 환(幻)을 만들어내니, 마음에 이미 형상이 없거늘 법에 어찌 형상이 있겠는가?"[3]

"모범"의 '모'(模)는 물건을 주조하는 거푸집을, '범'(範)은 법을 뜻한다.

이하 글에서는 널리 '환'(幻)의 법을 들어 심법(心法: 마음)이 본래 공(空)임을 밝힘으로써 수행의 근본으로 삼았다.

---

1 업(業): 몸과 입과 마음으로 짓는 행위와 말과 생각, 그리고 그로 인한 결과.

2 마음은 일만~그림자와 메아리다: 송나라 승려 계환(戒環)의 『법화경 요해』(法華經要解)에 나오는 말.

3 일체의 일만~형상이 있겠는가: 규봉 종밀의 『법집별행록절요』에 나오는 말.

해설

규봉 종밀은 『선원제전집도서』에서 "그림자는 형상을 따르고, 메아리는 소리에 응한다"라고 했다.

61　환(幻)

선덕이 또 말했다.

"마음은 거대한 '환'(幻)을 만드는 마법사이고, 몸은 거대한 '환'의 성(城)이며, 모래알처럼 수많은 존재로 이루어진 세계는 거대한 '환'의 옷이고, 이름과 형상은 거대한 '환'의 밥이다.

범부는 '환'인 줄 알지 못하여 곳곳에서 '환'의 업(業)에 미혹되고, 성문(聲聞)은 '환'의 땅을 두려워하여 마음을 끊고 고요함에 들어가며, 보살은 '환'의 땅을 알아서 이름과 형상에 얽매이지 않는다."[1]

온갖 "환"이 하나의 "마음"에서 나오니 묘한 불가사의다.

해설

"성문"은 부처의 가르침에 따라 수행하는 자를 말한다. 본래 부처가 가르치는 음성을 직접 들은 불제자를 가리키던 말이다.

1　마음은 거대한~얽매이지 않는다 : 대주 혜해의 말로,『경덕전등록』에 보인다.

62 환을 떠나면

경전에 이런 말씀이 있다.
"모든 것이 '환'이라는 것을 알면 즉시 환을 떠난 것이니 방편(임시방편의 수단)을 지을 것이 없고, 환을 떠나면 즉시 깨친 것이니 점차 닦아 나갈 것이 없다."[1]

꿈에서 몸에 난 종기를 보다가 꿈에서 깨면 문득 종기가 없으니, 방편이나 점진적인 수행도 여기에 이르면 이치가 다한다.[2]

해설

꿈에서 깨어 상처가 '환'임을 알았으니 치료를 위한 방편은 쓸데가 없다. '환'을 알아 그로부터 떠났으니, 점수(漸修)할 이유가 없다.

---

1 모든 것이~것이 없다:『원각경』에 나오는 말.
2 꿈에서 몸에~이치가 다한다:『원각경 약소』에서 따온 말.

63 구름 없는 곳에서 달을 본다

환을 떠남은 구름이 흩어져 달이 나오는 것과 같다. 구름이 없는 것을 달이라고 하는 것이 아니라 오직 구름 없는 곳에서 달을 본다는 것이며, 환이 없는 것을 '진여'(眞如)라 하는 것이 아니라 오직 환 없는 곳에서 진리를 본다는 것이다.[1]

한밤중에 등불 없어도
집에서 보낸 편지는 또렷이 뵈네.[2]
半夜無燈燭, 家書歷歷宣.

해설

"구름"은 환, "달"은 진리를 비유한 말이다. 휴정은 「사야정」(四也亭) 시에서 "달은 한 마음의 인장(印章)/구름은 일만 권 경전"(月也一心印, 雲也萬卷經)이라고 했다.

"진여"는 있는 그대로의 참모습, 곧 불성을 말한다. 내 안에 불

1 환을 떠남은~본다는 것이다:『원각경 약소』에서 따온 말.
2 한밤중에 등불~또렷이 뵈네:『가태보등록』(嘉泰普燈錄)에 보이는 구절.『가태보등록』은 송나라 때『경덕전등록』을 보충하여 편찬한 책이다.

성이 있으니 등불 없는 어두운 곳에서도 가족의 편지 내용이 또렷이 이해되는 것처럼 무명의 구름을 흩고 진리의 달을 볼 수 있다.

64 모두가 환이다

마음을 일으키고 생각을 움직이는 것, 거짓이라 하고 참이라 하는 것, 이 모두가 '환' 아닌 것이 없다.[1]

만 리 뜬구름이 다 흩어져 사라지니
환한 둥근 달이 찬 하늘에 있네.[2]
萬里浮雲消散盡, 一輪明月在寒空.

해설

한문본에는 본문이 조목 62의 주해에 포함되어 있다.

'송'(頌)은 한글본에만 있는데, "오직 구름 없는 곳에서 달을 본다"라고 한 앞 조목의 본문에 대응된다.

---

1 마음을 일으키고~것이 없다: 규봉 종밀의 『원각경 약소』에 나오는 말.
2 만 리~하늘에 있네: 『남명천화상송증도가』에 보이는 구절.

7장

불법의 근원

65 세 마음과 네 믿음

자성을 돈오하고 세 마음을 발하며 네 믿음을 일으켜 만행(萬行)을 널리 닦으라.[1]

큰 마음을 발하는 것을 만행의 근본으로 삼음을 밝힌 말이다.

"세 마음"은 자비와 지혜와 원심(願心: 간절히 이루고자 하는 마음)을, "네 믿음"은 진여(眞如)와 부처와 불법과 승려에 대한 믿음을 말한다. 사무량심[2]을 발한다고 하기도 한다.

해설

"만행"은 육도만행(六度萬行), 곧 육바라밀을 말한다. '육바라밀'이란 해탈에 이르기 위해 이루어야 할 여섯 가지 바라밀(波羅密, 산

---

1 자성을 돈오하고~널리 닦으라: 규봉 종밀의 『화엄경』 주해에 "세 마음과 네 가지 원(願)을 발하여 육도만행을 닦으라"는 구절이 보이고, 『선원제전집도서』에 "자비와 지혜와 원심을 발하여 보리를 얻을 것을 맹세한다"라는 구절이 보인다.

2 사무량심(四無量心): 중생을 구제하고자 하는 자(慈)·비(悲)·희(喜)·사(舍)의 네 가지 광대한 마음. 자무량심(慈無量心)은 중생에게 즐거움을 베푸는 마음, 비무량심(悲無量心)은 중생을 불쌍히 여기는 마음, 희무량심(喜無量心)은 중생이 고통을 버리고 기쁨을 얻게 하려는 마음, 사무량심(舍無量心)은 모든 중생을 평등하게 보고 구별을 두지 않는 마음이다.

스크리트어 '파라미타'pāramitā: 덕목·수행)로, 보시·지계(持戒: 계율을 지킴)·인욕(忍辱)·정진(精進)·선정(禪定)·지혜를 말한다. 하나의 바라밀마다 수백 수천의 공덕이 있다고 하여 '만행'이라는 표현을 썼다.

"네 믿음"의 의미는 『대승기신론』의 다음 구절에서 자세히 밝혔다.

"믿는 마음에 네 가지가 있으니, 첫째, 근본을 믿어 진여를 즐겨 생각하는 것이요, 둘째, 부처에게 무량한 공덕이 있음을 믿어 항상 부처를 친근히 여기고 공양하기를 생각하는 것이요, 셋째, 불법에 큰 이익이 있음을 믿어 항상 수행하기를 생각하는 것이요, 넷째, 승려들이 바른 수행으로 자리이타(自利利他)할 수 있음을 믿어 항상 승려를 즐겨 친근히 여기는 것이다."

주해의 "큰 마음"은 대보리심(大菩提心), 곧 반야를 구하는 광대한 원심(願心)을 말한다.

"자비"는 중생을 어여삐 여기고 안타깝게 여기는 부처의 마음으로, '자'(慈)는 중생을 자식처럼 사랑하여 모든 즐거움을 주려는 마음, '비'(悲)는 중생의 근심과 괴로움을 안타깝게 여겨 그 근원을 뿌리 뽑아 주려는 마음이다.

66 불법의 근원

불법의 근원은 중생심에서 나온다.

선사는 이렇게 말했다.

"일념으로 팔만 가지 바라밀을 가지런히 닦는다."[1]

자성의 만행(萬行)을 밝힌 말이다.

해설

조목 12에서 '뜻을 얻은 일념'이 '하나의 법'이고 '중생심'이라고 한 말을 거듭 강조했다. "중생심" 안에 중생의 미혹한 마음과 부처의 청정한 마음, 곧 자성이 모두 들어 있다.

1 일념으로 팔만~가지런히 닦는다: "일념이 본성과 상응하면 팔만 가지 바라밀이 단박에 가지런히 이루어진다"라는 하택 신회의 말이 『법집별행록절요』와 『선원제전집』 등에 보인다.

67 좋은 벗을 부처 섬기듯

그러나 중생은 태어날 때 지혜의 눈이 없으니 반드시 선지식[1]의 열어 보임을 빌려야 한다.[2] 그러므로 착한 벗을 가까이 하고 공경하여 섬기기를 부처같이 하되 신명(몸과 목숨)을 아끼지 말고[3] 많은 의심을 물어 결단해야 한다. 또한 매 순간 스스로 삼보[4]에 귀의하여 스스로 중생을 제도해야 한다.

앞의 조목에서는 깨달음의 바른 원인(직접 원인, 곧 저마다 본래 지닌 불성)을 밝히고, 이 글에서는 바른 인연을 밝혔다.

"선지식"은 참다운 앎과 그 허망함, 병든 앎과 그 약을 잘 아는 존재이니, 『열반경』에서는 "인연을 빠짐없이 갖추었다"라고 했고, 『법구경』(法句經)에서는 "공덕이 무량하다"라고 했다.

"신명을 아끼지 말라"는 것은 옛사람 중 어떤 이는 온몸으로 불법에 보답하고, 어떤 이는 뼈를 팔아 은혜를 갚았으며, 어

---

1 선지식(善知識): '좋은 벗'이라는 뜻의 산스크리트어 '칼랴나 미트라'(kalyāṇa-mitra)의 번역. 정직하고 덕행이 있어 바른 길로 이끌어 주는 사람을 뜻한다.

2 그러나 중생은~빌려야 한다: 『원각경』에서 따온 말.

3 신명(身命)을 아끼지 말고: 『임제록』에 "법(불법)을 위하는 자는 신명을 잃는 일도 피하지 말아야 한다"라는 말이 보인다.

4 삼보(三寶): 불교의 세 가지 보물, 곧 부처〔佛〕·불법〔法: 부처의 가르침〕·승려〔僧〕.

떤 이는 살점을 떼어 팔아 불경을 듣고, 어떤 이는 몸을 불살라 덕에 보답했기에 한 말이다.

해설

『법구경』은 초기 불교 교단에서 전승되던 게송을 모은 불경이다. 팔리어 경전 이름은 『담마파다』(dhammapada)인데, '담마'는 법, '파다'는 구(句)·말씀을 뜻한다.

석가세존이 아득히 먼 전생에 부처의 말씀을 듣고 기뻐서 인육이 필요한 병자에게 날마다 자신의 살점을 떼어 주었다는 이야기가 『열반경』에 보인다. 살타파륜(薩陀波崙: '눈물을 흘리며 간절히 깨달음을 구하는 자'라는 뜻) 보살이 불법을 듣기 위해 뼈와 살을 팔려 했다는 이야기가 『마하반야바라밀경』에 보인다. 약왕보살(藥王菩薩)의 전신인 희견보살(喜見菩薩)이 진리를 깨치고 스스로 온몸을 불살라 1천 2백 년 동안 온세계를 비추었다는 이야기가 『법화경』에 보인다.

68 내 마음이 부처

마음의 청정이 부처요, 마음의 광명이 불법이요, 마음이 둘이 아님이 승려다. 또 본래 깨달을 수 있는 본성이 부처요, 본래 적멸(寂滅)한 본성이 불법이요, 본성의 오묘한 작용이 승려다. 문득 내 것을 얻으니 오늘에야 비로소 본래부터 아무 일이 없었음을 알겠다.[1]

자성이 곧 삼보(三寶: 불·법·승)임을 밝혔다.

한 얼굴에 있는 세 눈이 세로로도 가로로도 나뉘지 않아 칼로 베어도 베이지 않으니, 지극히 묘해서 생각하기 어렵다. 하택대사(荷澤大師)는 이를 '공적지'[2] 한마디로 표현했다.

해설

"마음이 둘이 아님"은 마음에 차별이 없어 마음의 본성(性)과 마

---

1 마음의 청정이~없었음을 알겠다 : 『임제록』에서 따온 말.

2 공적지(空寂知) : 텅 비어 고요한 가운데 만물을 빠짐없이 비추는, 신령스런 지혜의 빛. 하택대사, 곧 하택 신회는 육조 혜능을 계승하여 중생 누구나 본래 가진 '공적지', 혹은 '공적영지'(空寂靈知)를 깨달음의 본체로 삼아야 한다고 했다. 우리나라에서는 고려 지눌이 이를 적극 수용했다.

음이 나타난 현상(相)이 둘로 나뉘지 않음을 뜻한다.

"적멸"은 일체의 형상이 없는 고요함, 번뇌의 세계를 떠난 열반을 말한다.

관세음보살과 허공장보살의 화신(化身: 산스크리트어 '아바타라'Avatāra)이 일면삼목(一面三目), 곧 얼굴 하나에 세 개의 눈을 가졌다고 한다. 세 개의 눈은 드러난 형상만 보는 육안(肉眼), 가려져 있는 형상도 볼 수 있는 천안(天眼), 형상과 마음을 모두 볼 수 있는 혜안(慧眼)을 가리키기도 하고, 수행을 방해하는 세 가지 장애, 곧 번뇌장(煩惱章)·업장(業障)·보장(報障)을 없애 중생의 마음을 청정하게 하는 기능을 각각 지닌다고도 한다.

69 제도할 중생이 없다

경전에 "중생을 제도하여 멸도(滅度: 열반)에 들게 했다"라 하고, 또 "진실로 멸도를 얻은 중생은 없다"[1]라 했다.
무슨 말인가? 보살은 오직 순간순간마다 중생을 위하니, 생각의 본체가 텅 빈 것임을 아는 자가 중생을 제도한다. 그러나 생각이 이미 텅 비어 고요한 것이라면 진실로 멸도를 얻은 중생은 없다.
그럴진대 깨달음은 부처이고, 미혹됨은 중생이며, 자비는 중생을 제도함이고, 지혜는 완전히 깨치는 것이며, 발원(發願)은 부지런히 실행함이니, 이 모든 것이 다 나의 본성 안에 세워진다.

자성이 곧 중생임을 밝혔다.

마음은 본래 적멸하므로 중생도 부처도 모두 적멸의 모습이다. 작용에 이르러서는 마음에 그릇됨이 없는 것이 '계'(戒: 계율)이고, 마음에 어지러움이 없는 것이 '정'(定: 선정)이며, 마

---

1 중생을 제도하여~중생은 없다: 『금강경』(金剛經)을 인용했다. 『금강경』의 해당 구절은 다음과 같다. "내가 모두 남김 없는 열반에 들게 하여 멸도에 이르게 하리라. 이와 같이 헤아릴 수 없고 셀 수 없고 끝이 없는 중생을 멸도에 들게 했으나, 실제로 멸도를 얻은 중생은 없다."

음에 어리석음이 없는 것이 '혜'(慧: 지혜)이고, 마음이 일어나지 않는 것이 '지'(止: 적정寂靜)이며, 지혜가 어둡지 않은 것이 '관'(觀: 꿰뚫어봄)이고, 평안한 마음으로 이치를 살피는 것이 '인'(忍: 안온함)이며, 마음이 한순간도 끊임없는 것이 '진'(進: 정진)이니, 이 글에서 총괄하여 자성문(自性門)을 밝히고, 이하 글에서는 별도로 수상문(隨相門)을 밝혔다.

해설

"멸도"는 없앨 번뇌가 더 없는 열반의 세계다. 중생의 마음이 본래 적멸하니 새삼 깨달음을 얻을 중생도, 멸도에 들 중생도 애당초 없다.

선정과 지혜를 얻는 두 문이 "자성문"과 "수상문"이다. '자성문'은 자신의 청정한 마음에 의지하는 돈오의 가르침이고, '수상문'은 대상에 따라 방편을 달리하는 점수의 가르침이다. 지눌의 『수심결』에 관련 내용이 보인다.

8장

세 가지 배움

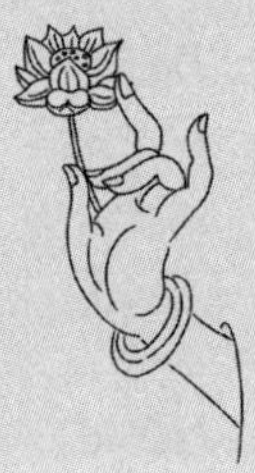

70 수행의 요체

수행의 요체는 오직 범부의 마음〔情〕을 끝까지 다하는 데 있지 성인의 지해(知解: 앎. 알음알이)가 별도로 있는 것이 아니다.[1]

"범부의 마음"과 "성인의 지해"는 모두 허망한 견해로부터 말미암은 것이니, 두 가지 그릇된 견해를 모두 버려야만 바야흐로 불성에 꼭 들어맞는다.

해설

성인의 앎이나 깨달음이라는 것도 또 하나의 허망한 견해에 불과하다.

한문본에는 『서장』에서 인용한, 다음의 주해가 있다.

"병이 다 나아 약을 끊으면 도로 본래의 사람이 된다."

1 수행의 요체는~것이 아니다: 대혜 종고의 『서장』에서 따온 말.

71　말세의 중생

경전에 이런 말씀이 있다.

"말세의 모든 중생이 마음에 허망함을 일으키지 않게 한다면, 부처는 이런 사람이야말로 바로 현세의 보살이라고 한다."[1]

마음이 허망하지 않음은 계(戒)·정(定)·혜(慧)의 힘이다.

"보살"의 '보'(菩)는 깨달음, '살'(薩)은 유정(有情: 중생)이라는 뜻이다.

해설

계(戒: 계율)·정(定: 선정)·혜(慧: 지혜)를 아울러 '삼학'(三學), 곧 불교 수행자가 반드시 닦아야 할 3가지 학업이라고 한다.

1　말세의 모든~보살이라고 한다: 『원각경』에 나오는 말.

72 덕이 없는 사람

덕이 없는 사람은 부처의 계율에 의지하지 않아 세 가지 업을 지키지 않고, 마음을 풀어놓아 게으르며, 남을 업신여기고, 비교하여 시비를 따지기를 근본으로 삼는다.[1]

"계율"로 앞의 내용을 매듭짓고 뒤의 내용을 일으켰다.

한 번 마음의 계율을 깨뜨리면 백 가지 허물이 함께 생겨난다. 『열반경』에 다음 구절이 있다.

"계율을 깬 비구의 몸에는 위덕(威德)이 없다."

해설

"세 가지 업"은 신업(身業)·구업(口業)·의업(意業), 곧 몸과 입과 마음으로 짓는 동작과 말과 생각을 말한다. 여기서는 '신업'의 계율인 불살생(不殺生)·불투도(不偸盜)·불음행(不婬行), '구업'의 계율인 불망어(不妄語: 거짓말을 하지 않음)·불양설(不兩舌: 이간질하는 말을 하지 않음)·불악구(不惡口: 저주하는 말을 하지 않음)·불기어(不綺語: 허망한 말을 하지 않음), '의업'의 계율인 불탐(不貪: 탐

1 덕이 없는~근본으로 삼는다: 『법집별행록절요』에서 따온 말.

욕을 부리지 않음)·부진(不瞋: 성내지 않음)·불치(不癡: 무지에 빠지지 않음)를 말한다.

73 거짓된 수행

경전에 이런 말씀이 있다.

"음란한 마음을 지닌 채 선(禪)을 닦는 것은 모래알을 쪄서 밥을 짓는 것과 같다. 살생하면서 선을 닦는 것은 제 귀를 막고 소리 지르는 것과 같다. 도둑질하면서 선을 닦는 것은 새는 잔에 물을 부어 가득 채우기를 바라는 것과 같다. 거짓말을 하면서 선을 닦는 것은 똥으로 향을 만드는 것과 같다. 이렇게 해서는 아무리 많은 지혜가 있다 할지라도 모두 마도(魔道: 마귀의 길)를 이룰 뿐이다."[1]

수행의 법칙인 '삼무루학'[2]을 밝혔다.

소승(小乘)은 법을 받아 지킴이 계율이니 대략 그 말단을 다스리고, 대승(大乘)은 마음을 한곳에 거둠이 계율이니 그 근본을 세세히 끊는다.

네 가지 계율 중 '음행'(婬行)은 청정을 끊고, '살생'은 자비

1 음란한 마음을~이룰 뿐이다: 『능엄경』에서 따온 말. 『능엄경』에서 석가세존은 '모래알을 쪄서 밥을 짓는다'는 비유를 든 뒤 아난에게 이렇게 말했다. "네가 음란한 몸으로 부처의 오묘한 과업을 구한다면 비록 오묘한 깨달음을 얻는다 할지라도 모두 음욕의 뿌리일 뿐이다."

2 삼무루학(三無漏學): 새어나감 없이 온전한 삼학(三學). 번뇌 없이 청정한, 계(戒)·정(定)·혜(慧)의 삼학.

를 끊으며, '도둑질'은 복덕(福德)을 끊고, '거짓말'은 진실를 끊는다. 이 네 가지 중대한 계율이 백 가지 계율의 근본이므로 각별히 밝혀 생각만으로도 범하지 않게 한 것이다.

'삼학'(三學)에 대해 어떤 곳에서는 "마음에 두지 않음이 '계'(戒)이고, 생각 없음이 '정'(定)이며, 거짓 없음이 '혜'(慧)이다"라고 했다. 또 어떤 곳에서는 "'계'는 도적을 잡는 것이고, '정'은 도적을 결박하는 것이며, '혜'는 도적을 죽이는 것이다"라고 했다. 또 어떤 곳에서는 "'계'의 그릇이 완전하고 견고하며 '정'의 물이 맑고 깨끗해야 '혜'의 달이 바야흐로 나타난다"라고 했다. 또 "경(經)은 '정'을 설명하는 것이고, 율(律)은 '계'를 설명하는 것이며, 논(論)은 '혜'를 설명하는 것이다"[3]라고 하니, 삼학은 일만 법의 근원이므로 각별히 밝혀서 모든 허물을 없게 한 것이다.

해설

'경'(經)은 부처의 말씀을 기록한 것이고, '율'(律)은 계율의 조항을 모으고 계율이 제정된 이유를 설명한 것이며, '논'(論)은 부처의 가르침을 불제자들이 교리로 정리한 것이다. 경·율·논을 아울러 삼장(三藏)이라고 한다.

3 마음에 두지~설명하는 것이다: 당나라 현종(玄宗) 때의 고승 정중(淨衆) 무상(無相, 648~742)의 말을 인용했다. 『역대법보기』(曆代法寶記)와 『경덕전등록』 등에 해당 구절이 보인다. 무상 선사는 신라의 왕자로, 728년(신라 성덕왕 27) 당나라에 건너가 성도(成都) 정중사(淨衆寺)에서 불법을 폈다.

74 계율을 지키지 않으면

경전에 이런 말씀이 있다.

"계율을 지키지 않으면 오히려 비루먹은 여우의 몸조차 얻지 못할 터이니, 하물며 청정한 보리의 열매를 바랄 수 있겠는가?"[1]

영산(靈山)의 모임에 어찌 행실 없는 부처님이 계시며 소림(少林)의 문하에 어찌 거짓말하는 조사가 있겠는가?

해설

"영산의 모임"은 조목 5의 주해에서 언급한, 석가세존의 영취산(靈鷲山) 설법을 말한다.

"소림의 문하"는 달마의 제자를 가리킨다. '소림'은 중국 숭산(嵩山)에 있는 소림사(少林寺)로, 달마가 이곳에서 9년 동안 좌선한

1 계율을 지키지~바랄 수 있겠는가: 『대살차니건자소설경』(大薩遮尼乾子所說經)에 나오는 말. 이 책은 남북조시대 북위(北魏)에서 한문으로 번역된 경전으로, 석가세존이 보살행의 방편을 설하는 내용이다.

후 불법을 전했다.

송(頌)이 한문본에는 조목 73의 주해 뒤에 있다.

75 계율이 스승이다

선덕이 말했다.

"계율을 부처님 대하듯 소중히 여기면 부처님이 늘 곁에 계신다."[1]

또 말했다.

"계율을 스승으로 삼아라."[2]

무루(無漏: 일체의 번뇌가 없는 적정寂靜의 상태)의 문에 들어가고자 한다면 풀에 묶인 승려와 진주 삼킨 거위를 본보기로 삼아야 한다.

해설

"풀에 묶인 승려"와 "진주 삼킨 거위" 이야기는 모두 『대장엄론경』(大莊嚴論經)에 보인다. 그 내용은 다음과 같다.

인도의 어느 승려가 도적을 만나 가진 물건을 다 빼앗기고 알

1 계율을 부처님~곁에 계신다: 『불유교경주』(佛遺教經註)에 나오는 말.

2 계율을 스승으로 삼아라: 『금강경오가해』(金剛經五家解)에 수록된 규봉 종밀의 소(疏)에 보이는 말.

몸으로 풀에 묶였는데, 자신의 몸을 묶은 풀이 상할까 염려하여 굶주림과 고통을 참고 그대로 있었다. 사냥 나온 왕이 승려를 발견해 풀어준 뒤 승려의 사연을 듣고 감동하여 불문에 귀의했다.

또 한 승려가 어느 집에 탁발하러 갔다가 그 집 거위가 주인의 진주를 삼키는 것을 보았다. 주인이 승려를 의심하여 매질했으나 승려는 사실대로 말하면 주인이 거위의 배를 갈라 죽일까 염려하여 변명하지 않았다. 한참 뒤에 거위가 진주를 배설하고 나서 사실을 말하니 주인이 감화되어 불문에 귀의했다.

76 생사를 초탈하려면

경전에 이런 말씀이 있다.

"삶과 죽음에서 벗어나고자 한다면 먼저 탐욕과 애욕의 목마름을 끊어야 한다."[1]

'애'(愛: 애착)는 윤회의 근본이고, '욕'(欲: 욕망)은 생(生)을 받는 인연이다.

아난이 말했다.

"'욕'의 기운은 조잡하고 탁하여 비린내와 누린내가 뒤섞여 있습니다."

부처께서 말씀하셨다.

"음탕한 마음을 제거하지 않으면 속세를 벗어날 수 없다."[2]

또 말씀하셨다.

"은애에 한 번 붙잡혀 묶이면 사람을 이끌어 죄의 문으로 들어가게 한다."[3]

---

1 삶과 죽음에서~끊어야 한다: 『원각경』에서 따온 말.

2 아난이 말했다~벗어날 수 없다: 『능엄경』에서 따온 말.

3 은애(恩愛)에 한~들어가게 한다: 『불설우전왕경』(佛說優填王經)에 나오는 말. 이 책은 서진(西晉) 때 한문으로 번역한 불경으로, 음욕에 빠진 카우샴비(Kausambi)의 왕 우다야나(Udayana: 우전왕)가 석가세존의 설법을 듣고 불법에 귀의하는 내용이다.

또 말씀하셨다.

"이 문을 꿰뚫고 나와 속세를 벗어난 이가 나한이다."[4]

'목마름'은 정애(情愛)가 지극히 간절함을 말한다.

해설

"'욕'은 생을 받는 인연이다"라는 말은 욕망으로 인하여 사람이 이 세계에 몸을 받아 태어난다는 뜻이다.

"나한", 곧 아라한(阿羅漢)은 팔리어 '아라한트'(arahant: 공양 받을 만한 사람)를 옮긴 말로, 불제자 중 번뇌를 끊어 깨달음을 얻은 성자를 뜻한다.

4 이 문을~이가 나한(羅漢)이다: 『사십이장경』(四十二章經)에 나오는 말. 『사십이장경』, 곧 『불설사십이장경』(佛說四十二章經)은 후한(後漢) 때 인도의 승려 가섭마등(迦葉摩騰)과 법란(法蘭)이 한문으로 번역한 불경으로, 인도에서 중국으로 전한 최초의 경전으로 꼽힌다.

77 청정한 지혜

경전에 이런 말씀이 있다.

"무엇에도 가로막힘이 없는 청정한 지혜는 모두 선정으로부터 생겨난다."[1]

범부에서 벗어나 성인의 경지에 들고, 앉은 채로 해탈하고 선 채로 죽는 것이 모두 선정의 힘이라는 것을 이에 알 것이다.[2]

그러므로 이런 말씀이 있다.

"성인의 길을 찾고자 한다면 선정을 떠나서는 다른 길이 없다."[3]

이는 '계'(戒: 계율)에 의거한 '정'(定: 선정)이다.

'정'도 없고 '혜'(慧: 지혜)도 없으면 이는 광신과 어리석음일 뿐이고, 한쪽에 치우쳐 하나의 문(門)만 닦으면 무명과 사견(邪見)일 뿐이다.

---

1 무엇에도 가로막힘이~선정(禪定)으로부터 생겨난다:『원각경』에서 따온 말.

2 범부에서 벗어나~알 것이다: 자각 종색의『좌선의』에서 따온 말.

3 성인의 길을~길이 없다:『선원제전집도서』에서 따온 말.

해설

계율에 의거한 선정을 통해서만 지혜에 이를 수 있다.

"앉은 채로 해탈하고 선 채로 죽는 것"은 "좌탈입망"(坐脫立亡)을 옮긴 것인데, 선정의 힘으로 생사에 자유로워 앉은 채로, 혹은 선 채로 열반함을 뜻한다.

78 선정에 있으면

마음이 선정에 있으면 세상에 태어나고 사라지는 모든 형상을 알 수 있다.[1]

이는 '정'(定)에 의거한 '혜'(慧)다.

"빈틈으로 들어오는 햇빛에 어지러운 먼지가 보이고, 맑은 연못물 속에 그림자가 또렷하다."[2]

삼학(三學)을 별도로 떼어 밝히는 것은 여기서 마친다. 삼학 중 하나만 들어도 셋이 모두 갖추어져 있으니, 어찌 홀로 떨어져 존재하겠는가. 이하에서는 세세한 행실을 들어 지금까지 밝힌 뜻을 거듭 밝힌다.

해설

앞 조목을 이어 계율의 그릇이 온전해야 선정의 물이 맑고, 선정

---

1 마음이 선정에~알 수 있다: 『불유교경』(佛遺教經)에서 따온 말. 『불유교경』은 초기 불경의 하나로 『사십이장경』·『위산경책』(潙山警策)과 함께 불조삼경(佛祖三經)으로 꼽힌다.

2 빈틈으로 들어오는~그림자가 또렷하다: 『선원제전집도서』에 나오는 말. 규봉 종밀이 10년 수행을 하고 나니 마음이 고요해서 일어났다 사라졌다 하는 번뇌의 미세한 움직임을 보게 되었다며 한 비유다.

의 물이 맑아야 지혜의 달이 비로소 나타난다는 계(戒)·정(定)·혜(慧) 삼학을 거듭 말했다.

9장

바른 마음

79 좌선

마음을 일으키지 않는 것을 '좌'(坐)라 하고, 자성을 움직이지 않는 것을 '선'(禪)이라 한다.[1]

'좌선'(坐禪)의 뜻을 밝히고자 한다면 불 속의 얼음을 보라.[2]

해설

"마음"의 원문은 "심념"(心念)인데, 다음 조목에서 보듯 '대상을 보고 일으키는 마음'을 뜻한다.

"불 속의 얼음"은 장경 혜릉의 게송과 그에 대한 『백운화상어록』(白雲和尙語錄)의 풀이에 비추어 볼 때 삼라만상 중에 홀로 우뚝한 '나 자신'을 비유한 말로 보인다. 『백운화상어록』의 해당 내용은 다음과 같다.

"'삼라만상 중에 우뚝하니 홀로 드러난 몸'이란 큰 화롯불 속

---

1 마음을 일으키지~'선'(禪)이라 한다: 『육조단경』에서 따온 말.

2 불 속의 얼음을 보라: 당나라의 선승 장경(長慶) 혜릉(慧稜, 854~932)의 게송 "삼라만상 중에 홀로 드러난 이 몸/스스로 긍정해야만 가까워지리./예전에는 잘못 알고 길에서 찾았는데/오늘 보니 불 속의 얼음이네"(萬像之中獨露身, 唯人自肯乃能親. 昔日謬向途中覓, 今日看來火裏冰)에서 따온 말. 『조당집』과 『벽암록』 등에 보인다.

의 얼음과 같습니다. 만약 어떤 사람이 여기에서 알아차렸다면 단계를 밟아 오르지 않고도 단번에 곧장 여래의 지위로 들어갈 것입니다."

80 해탈

대상을 보고도 마음을 일으키지 않는 것을 '불생'(不生: 아무것도 생겨나지 않음)이라 하고, 아무것도 생겨나지 않는 것을 '무념'(無念: 아무 생각도 없음)이라 하며, 아무 생각도 없는 것을 '해탈'이라 한다.[1]

해설

좌선을 통해 이르는 청정 세계를 말했다.

한문본에는 다음의 주해가 있다.

"계·정·혜는 그중 하나를 들면 셋을 모두 갖추는 것이어서 홀로 떨어져 있는 형상〔相〕이 아니다."

---

1 대상을 보고도~'해탈'(解脫)이라 한다: 당나라의 고승 보당(保唐) 무주(無住, 713~774)의 말에서 따왔다. 『경덕전등록』에 보인다. 보당 무주는 무상(無相) 선사의 제자로, 성도(成都) 보당사(保唐寺)에서 불법을 폈다.

81 정념

정념(바른 마음 단속)을 잊지 않으면 번뇌가 생기지 않는다.[1] **이는 눈이 잠들지 않으면 모든 꿈이 절로 사라진다고 하는 것과 같다.**[2]

해설

"정념"은 팔정도(八正道: 수행의 여덟 가지 바른 길)의 하나다. 팔정도는 정견(正見: 바른 견해), 정사(正思: 바른 생각), 정어(正語: 바른 말), 정업(正業: 바른 행위), 정명(正命: 바른 생활), 정정진(正精進: 바른 노력), 정념(正念: 바른 마음 단속), 정정(正定: 바른 집중)이다.

『잡아함경』에 "바른 몸과 바른 마음 단속으로 (…) 다섯 가지 번뇌의 덮개를 끊어 없앤다"라는 말이 보인다. 본래의 마음을 덮어 가리는 다섯 '번뇌의 덮개'는 탐욕·분노·어리석음(의혹)의 '삼독'(三毒)에 잠(게으름)과 들뜬 마음(교만)을 더한 개념이다.

---

1 정념(正念)을 잊지~생기지 않는다:『불유교경주』에 나오는 말.

2 이는 눈이~것과 같다: 중국 선종(禪宗)의 제3조 승찬(僧璨, ?~606)의 「신심명」(信心銘)에서 따온 말. 삼조(三祖) 승찬은 이조(二祖) 혜가(慧可)의 의발을 물려받고 안휘성 산곡사(山谷寺: 삼조사三祖寺)에서 불법을 폈다.

82 열반

도를 닦아 멸도(滅度: 열반)를 얻었다는 것 또한 진실이 아니다. 심법(心法: 마음)이 본래 고요한 것이야말로 참된 멸도다.[1] 그러므로 이런 말씀이 있다.
"모든 법은 본래부터 늘 적멸(고요한 열반)의 모습이다."[2]

옳음도 그름도 없어
오직 고요하고 오직 환히 비추네.
묘수(妙首: 문수보살)는 생각으로 헤아렸고
유마는 침묵했지.
無是無非, 唯寂唯照. 妙首思量, 維摩杜口.

해설

송(頌)의 셋째와 넷째 구는 『유마경』의 다음 내용을 말한다. 유마거사가 병들어 누웠다는 소식에 석가세존의 권유로 여러 보살이 문병하러 갔다. 유마 앞에서 문수보살을 비롯한 서른두 명의 보살

1 도를 닦아~참된 멸도다: 『법화경 요해』에서 따온 말.
2 모든 법은~적멸(寂滅)의 모습이다: 『법화경』에서 따온 말.

이 불이법(不二法: 대립하는 존재가 본질적으로는 둘이 아니라는 이치)에 대하여 저마다 견해를 낸 뒤 유마에게 의견을 물으니 유마는 끝내 침묵했다. 그러자 문수보살이 찬탄하며 "문자와 언어가 없는 것이야말로 불이(不二)의 법문(法門)에 들어가는 것입니다"라고 말했다. 이 이야기에서 유래하여 유마 거사를 '두구대사'(杜口大士: 입을 다문 보살)라고도 부른다.

한문본에서는 '송'의 셋째 구와 넷째 구만 주해 내용 중에 포함시켰다.

83 집착하지 않는다는 헛된 견해

만약 바르게 깨닫고 해탈하여 모든 번뇌를 떠나 일체의 세상에 집착하지 않노라는 견해를 가졌다면 그것은 도를 체득한 이의 눈이 아니다.[1]

눈은 제 눈을 볼 수 없으니 제 눈을 본다는 것은 거짓이다.[2]

해설

일체의 집착을 끊었다는 견해도 또 다른 집착이요 망상이다.

---

1 만약 정각(正覺)으로~눈이 아니다: 『화엄경』에서 따온 말.

2 눈은 제~것은 거짓이다: 『원각경』에서 따온 말.

84 성문과 연각

생을 보고 멸(滅)에 나아가는 것은 성문(聲聞)의 견해다. 생을 보지 못하고 오직 멸을 보는 것은 연각(緣覺)의 견해다. 법은 본래 나지〔生〕 않으므로 이제 또 사라짐〔滅〕도 없으니, 두 가지 그릇된 견해를 일으키지 않는 것이 보살의 견해다.[1]

무위의 한 가지 법에 천 가지 다른 견해가 있다.[2]

해설

"성문의 견해"는 '성문승'(聲聞乘), 곧 고집멸도(苦集滅道) 사성제(四聖諦)의 도리를 통찰하여 깨달음에 이르게 하는 가르침을 뜻한다. '성문'은 부처의 가르침에 따라 수행하는 자를 말한다. 사성제의 '집'(集)과 '고'(苦), '도'(道)와 '멸'(滅)이 각각 인과관계를 맺어 현실 고통의 원인을 집착에서 찾고 팔정도를 통해 열반에 이른다는 생각을 두고 '생을 보고 멸에 나아간다'고 했다.

"연각의 견해"는 '연각승'(緣覺乘), 곧 연기(緣起)의 이치를 통

1 생(生)을 보고~보살의 견해다:『전심법요』에 나오는, 황벽 희운의 말.
2 무위(無爲)의 한~견해가 있다:『금강경』에서 따온 말.

찰하여 깨달음에 이르게 하는 가르침을 말한다. '연각'은 스승 없이 홀로 연기의 이치를 통찰하여 깨달음에 이른 자를 뜻한다. 현실 고통의 근원을 찾아 끊어 내기 위해 '죽음'으로부터 출발하여 열두 단계의 인과를 거슬러 짚어 최종 원인인 '무명'에 이르는 사유 과정에 이어 무명을 '멸'(滅)함으로써 고통의 악순환을 끊을 수 있다고 했기에 '생을 보지 못하고 오직 멸을 본다'고 한 것으로 보인다.

'소승'(小乘)에 대한 비판으로 조목 54와 호응한다.

85 청정한 세 가지 업

물이 맑으매 구슬이 비치고 구름이 흩어지매 달이 밝다. 세 가지 업이 청정하니 백 가지 복이 모두 모인다.[1]

구슬이 분별하는 마음의 바다에 빠져도 망상(罔象: 물귀신)이 찾아내고, 달이 마귀의 구름에 가려도 지혜의 바람이 쓸어버린다.

세 가지 업의 김을 매니 백 가지 복의 밭이 무성하다.

해설

"구슬"과 "달"은 자성, 곧 불성을 말한다.

'바닷속에 빠진 구슬을 물귀신이 찾았다'는 주해 내용은 황제(黃帝)가 잃어버린 구슬을 지식이 많은 신하 지(知)도, 눈이 밝은 신하 이주(離朱)도 찾지 못했으나 결국 망상(罔象: '형상이 없음' 혹은 '형상을 잊음'이라는 뜻)이라는 물귀신이 찾아왔다는, 『장자』(莊子) 「천지」(天地)의 고사에서 따왔다.

1 물이 맑으매~모두 모인다: 송나라의 선사 보령(保寧) 인용(仁勇)의 「보령용선사 시간경」(保寧勇禪師 示看經)에서 따온 말.

10장

정진

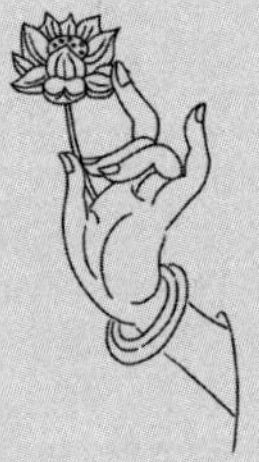

86 한몸이라 여기는 대자대비

가난한 사람이 와서 구걸하거든 분수대로 베풀어 주라. 나와 남이 한몸이라고 여기는 큰 자비야말로 참된 보시다.

나와 남이 하나가 되는 것을 "한몸"〔同體〕이라 한다.

해설

차별 없이 평등한 대자대비를 뜻하는 '무연대자(無緣大慈) 동체대비(同體大悲)'의 '동체대비'를 "나와 남이 한몸이라고 여기는 큰 자비"라 옮겼다.

한문본에는 다음의 주해가 더 있다.

"빈손으로 왔다가 빈손으로 가는 것이 우리 불가의 활계(活計)다."

87 분노의 마음

어떤 사람이 와서 해코지하더라도 반드시 내 마음을 잡아 분노나 원한의 감정을 일으키지 말라.[1] 한순간에 분노의 마음이 일어나면 백만 개 장애의 문이 열린다.[2]

번뇌가 비록 끝이 없다 하나 분노와 교만보다 더 심한 것이 없다.

『열반경』에 이런 구절이 있다.

"칼로 찌르든 약을 발라 주든 그 마음은 둘이 아니다."

해설

『열반경』에서 인용한 구절은 『금강경』에도 나오는 인욕선인(忍辱仙人) 이야기에서 나온 말이다. 석가세존의 전생 존재인 인욕선인이 폭군 가리왕(歌利王)에게 무참한 해코지를 당한 뒤 제석천왕(帝釋天王)의 도움으로 치유 받았는데, 인욕선인은 칼로 자신의 신체를 훼손한 가리왕이든, 약을 발라 자신을 치료해 준 제석천왕이든 똑같이 청정한 마음으로 무심하게 대했다고 한다.

---

1 어떤 사람이~일으키지 말라 : 『불유교경』에서 따온 말.

2 한순간에 분노의~문이 열린다 : 『화엄경』에서 따온 말.

88 인내

인내가 없으면 만행이 이루어지지 않는다.[1]

수행의 문(門: 방법)은 비록 끝이 없으나 자비와 인내가 근원이다.

고덕(古德)이 말했다.

참는 마음은 환몽(幻夢)
욕된 경계(대상)는 거북이의 털과 같네.[2]

해설

주해의 "거북이의 털"은 실제로 존재하지 않는 허황된 것을 비유하는 말이다. 욕된 대상이 애당초 존재하지 않으니 참는 마음도 허깨비다.

---

1 인내가 없으면 만행(萬行)이 이루어지지 않는다: 『법집별행록절요』에 나오는, 규봉 종밀의 말.

2 참는 마음은~털과 같네: 남조(南朝) 양(梁)나라 무제(武帝) 때의 거사인 부대사(傅大士, 497~569)가 『금강경』에 붙인 송(頌). 부대사의 본명은 부흡(傅翕)이고, 호는 선혜(善慧)인데, 흔히 부대사, 쌍림대사(雙林大士) 등으로 불린다. 유마 거사의 선(禪)을 계승하여 평생 출가하지 않고 거사로서 수행하며 3백여 편의 시문을 남겼다.

89　자신을 낮추라

마음을 낮추는 사람은 만복이 절로 그에게 돌아간다.[1]

큰 바다는 낮으므로 일백 줄기 강의 왕이 된다.

해설

"마음을 낮추는 사람"은 자신을 낮추는 사람을 말한다.

1　마음을 낮추는~그에게 돌아간다: 고려 말의 선승 야운(野雲) 각우(覺玗)의 「자경서」(自警序)에 보이는 말.

90 정념은 무념

죽고 삶에 '정념'(正念: 바른 마음 단속)을 잃지 않는 것이 힘센 보살이니, 정념은 무념이다.[1]

옛 성인이 말씀하셨다.

"산속에서 선정하는 것은 어렵지 않거니와 세간(世間)의 경계(대상)를 마주하여 생각을 움직이지 않는 것이 가장 어렵다."[2]

해설

"정념을 잊지 않으면 번뇌가 생기지 않는다"라는 말(조목 81)을 이어 세간에서 마음 단속하기의 어려움을 말했다.

---

1 죽고 삶에~정념은 무념(無念)이다: 오조(五祖) 홍인(弘忍)의 「최상승론」(最上乘論)에서 따온 말.

2 산속에서 선정하는~가장 어렵다: 『법집별행록절요』에 나오는 말.

91 정진하는 사람

본래의 참된 마음을 지키는 사람이 크게 정진하는 사람이다.[1] **몸과 마음이 동요되지 않음이 제일의 정진이다.**[2]

"정진"의 '정'(精)은 잡되지 않음이고, '진'(進)은 물러나지 않음이다.

해설

'진'은 '한순간도 끊임없음'으로도 풀이된다. 정진은 해탈에 이르기 위해 이루어야 할 '육바라밀'(여섯 가지 수행 덕목)의 하나이며, '바른 정진(노력)'은 팔정도의 하나다.

1 본래의 참된~정진(精進)하는 사람이다: 오조 홍인의 「최상승론」에서 따온 말.

2 몸과 마음이~제일의 정진이다: 『법화문구』(法華文句)에 "몸과 마음이 동요되지 않음을 '정진'이라 한다"라는 말이 보인다. 『법화문구』는 남조(南朝) 진(陳)나라의 천태종 승려 지의(智顗, 538~597)가 『법화경』을 풀이한 책이다.

92 망상을 멈추라

경전에 이런 말씀이 있다.

"만일 정진하려는 마음을 일으키면 이것은 망상이지 정진이 아니다."[1]

고덕이 말했다.

"망상하지 말라! 망상을 그쳐라!"[2]

'망상하지 않음'은 천진한 부처이고, '망상을 그침'은 부처의 천진함이다.

해설

주해의 "천진한 부처", 곧 '천진불'(天眞佛)은 자성, 곧 자신의 불성을 말한다.

---

1 만일 정진하려는~정진이 아니다 : 『법구경』에 나오는 말. 『제법무행경』(諸法無行經)에도 같은 구절이 보인다.

2 망상하지 말라! 망상을 그쳐라 : 당나라의 선승 분주 무업의 말로, 『벽암록』과 『경덕전등록』 등에 보인다.

93 뒤로 미루지 말라

도에 게으른 사람은 늘 나중을 바라보니, 이는 자신을 버리는 사람이다.[1]

'나중을 바라본다'라는 것은 가까이는 오늘과 내일을 말하고, 멀리는 금생의 나와 내생의 나를 말한다. 이리 뒤척이고 저리 뒤척이며 핑계로 삼으니 자신을 버렸다고 이를 만하다.

해설

주해의 "오늘과 내일을 말하고" 구절은 오늘 할 일을 내일로 미룬다는 뜻이다.

1 도(道)에 게으른~버리는 사람이다:『수심결』에서 따온 말.

94 진언

경전에 이런 말씀이 있다.
"진언(眞言)을 외는 이유는 현생의 업은 제어하기 쉬워서 나 자신의 수행으로 거스를 수 있으나 전생의 업은 제거하기 어려워서 반드시 신의 힘을 빌려야 하기 때문이다."[1]

지금 혹 세상 사람들이 바르게 살고자 하나 사악함에 빠지고, 깨끗하게 살고자 하나 더러움에 물들며, 덕을 쌓아도 복이 적고, 선행을 해도 흉한 일을 당하며, 심지어는 악행이 없어도 재앙을 당하고 살생하지 않았음에도 요절하기에 이르는데, 이는 모두 전생의 업이다.[2]

『능엄경』에 이런 구절이 있다.

"진언을 외는 이는 오역(五逆)의 중죄도 바람에 모래가 날리듯 사라져 다음 생에는 반드시 성불할 것이다."

---

1 현생의 업은~하기 때문이다: 『능엄경 주소』(楞嚴經註疏)에 보이는 말.
2 지금 혹~전생의 업이다: 『능엄경 주소』에서 따온 말.

해설

"진언"은 진실하여 거짓이 없는 말을 뜻한다. 신주(神呪)·다라니·만다라라고도 한다. 관세음보살을 부르는 주문인 '옴 마니 반메(파드메) 훔'(오, 연꽃 속의 보석이여!) 같은 말이 대표적 진언이다.

"오역의 중죄"는 무간지옥(無間地獄)에 떨어지는 다섯 가지 큰 죄, 곧 어머니를 살해한 죄, 아버지를 살해한 죄, 아라한을 죽인 죄, 부처님의 몸에 피를 낸 죄, 승단(僧團)의 화합을 깬 죄를 말한다.

95 예배

달마 선사가 말했다.

"예배의 '예'는 공경을 뜻하고, '배'는 굴복을 뜻하니, 진성(眞性: 참된 본성, 곧 불성)을 공경하고 무명을 굴복시킨다는 뜻이다."[1]

또 말했다.

"몸과 말과 뜻이 청정해야 한다."[2]

"예배"는 자성불(自性佛: 자신의 불성)에 귀의하는 것이니, 이는 허망함에서 돌아서서 진성으로 향하는 것이다.

해설

"몸〔身〕과 말〔口〕과 뜻〔意〕"은 신업(身業)·구업(口業)·의업(意業)의 세 가지 업을 말한다.

한문본에는 다음의 주해가 있다.

---

1 예배(禮拜)의 '예'는~굴복시킨다는 뜻이다: 달마의 「관심론」(觀心論)에서 따온 말.

2 몸과 말과 뜻이 청정해야 한다: 『방광대장엄경』(方廣大莊嚴經) 등 수많은 경전에 나오는 말.

"몸과 말과 뜻이 청정하면 부처가 세상에 나온다."[3]

3 몸과 말과~세상에 나온다: "몸과 말과 뜻이 청정함을 부처가 세상에 나오신 것이라 한다"라는 대주 혜해의 말이 『조당집』에 보인다.

96 염불

입으로 하는 염불을 '송'(誦)이라 하고, 마음으로 하는 염불을 '염'(念)이라 한다. 한갓 '송'만 하고, '염'을 잃으면 도에 무익하다.[1]

마음은 부처의 땅에 두어 생각하여 간직하기를 잊지 않고, 입은 부처의 이름을 또렷이 불러 흐트러뜨리지 않는 것을 염불이라 한다.[2]

해설

'부처의 이름을 부른다'는 것은 아미타불(阿彌陀佛)이라 외는 것을 말한다.

한문본 주해에는 "'나무아미타불' 여섯 글자야말로 윤회를 벗어나는 지름길이다"라는 말이 더 있다. '나무아미타불'은 '아미타불에게 귀의한다'는 뜻이다.

1 입으로 하는~도에 무익하다: 달마의 「관심론」에서 따온 말. 휴정의 「염불문」에도 보인다.

2 마음은 부처의~염불(念佛)이라 한다: 『예념미타도량참법』(禮念彌陀道場懺法)에 나오는 말.

휴정은 「염불하는 승려에게 주다」(贈念佛僧) 시에서 "참선이 곧 염불이요/염불이 곧 참선이네"(參禪卽念佛, 念佛卽參禪)라고 했다.

11장

마음을 지켜라

97 본심을 지켜야

오조(五祖: 홍인)가 말했다.

"본래의 참된 마음을 지키는 것이 시방세계의 모든 부처를 생각하는 것보다 낫다."[1]

육조(六祖: 혜능)가 말했다.

"항상 다른 부처만 생각해서는 생사를 면하지 못한다. 나의 본심을 지켜야 피안에 이른다."[2]

이하의 글에서는 여러 종사(宗師)들이 "이 마음이 곧 부처"[3]라는 참된 가르침을 곧바로 드러내고, 서방정토(西方淨土)에 태어나기를 구하는 임시방편의 가르침을 물리쳐 깨뜨렸다. 단약(丹藥) 한 알이 무쇠를 황금으로 변화시키고, 지극한 이치가 담긴 한마디 말이 범부를 성인으로 변화시킨다고 이를 만하다.

---

1 본래의 참된~것보다 낫다: 오조 홍인의 「최상승론」에 나오는 말.

2 항상 다른~피안에 이른다: 오조 홍인의 「최상승론」에 나오는 말.

3 이 마음이 곧 부처: 원문은 "즉심즉불"(卽心卽佛)이다. 당나라의 선승 마조(馬祖) 도일(道一)이 한 말로, 『경덕전등록』 등에 보인다. 마조 도일은 육조 혜능의 제자인 남악 회양의 법을 이어 "평상심이 곧 도다"(平常心是道), "마음이 곧 부처다"라는 말로 불법을 폈다.

해설

"시방세계"(十方世界)는 동서남북의 사방, 동남·서남·동북·서북의 간방(間方), 상하의 열 방위를 합쳐 과거·현재·미래의 모든 시공간을 가리키는 말이다.

"서방정토"는 부처와 보살이 산다는, 서쪽의 청정한 땅을 말한다.

98 본성을 보아 평등을 행하면

순간순간 본성을 보아 항상 평등을 행하면 손가락을 튕기는 짧은 순간에 문득 아미타불을 볼 것이다.[1]

해설

"아미타불"은 중생을 극락으로 이끈다는 부처다. 산스크리트어 '아미타'(Amitā)는 무량수(無量壽), 곧 무한한 수명, 또는 무한한 지혜를 뜻한다.

1 순간순간 본성을~볼 것이다:『육조단경』에 나오는, 육조 혜능의 말.

99 취함도 버림도 모두 윤회

마음이 미혹된 채 염불하는 데에는 취사선택하는 뜻이 있다. 저 극락을 기뻐함이 취하려는 뜻이고, 저 사바(娑婆)를 싫어함이 버리려는 뜻이다.
경전에 이런 말씀이 있다.
"가지가지 취하고 버림이 모두 윤회다."[1]

산스크리트어 "사바"는 '감인'(堪忍: 인내)이라고도 하는데, 이 세계의 사람들이 수많은 괴로움을 인내해야 하기 때문에 붙은 이름이다.

해설

"극락"은 아미타불이 사는 서방정토, 즐거움만 가득한 이상세계다. "사바", 곧 사바세계는 중생들이 사는, 번뇌로 가득한 세계다.

---

1 가지가지 취하고 버림이 모두 윤회다: 『원각경』에 나오는 말. 『원각경』에서는 모든 세계의 시작과 끝, 생성과 소멸, 있음과 없음 등을 가지가지마다 취하고 버림이 모두 윤회라고 했다.

100 몸 밖에서 찾지 말라

부처는 본성 안에서 이루어지니, 몸 밖에서 찾지 말라. 본성을 깨치지 못하면 범부이고, 본성을 깨치면 부처다.[1]

해설

부처는 나의 본성 안에서 이루어지니 범부와 부처는 한몸이다. 범부의 마음을 끝까지 다한 자리에 부처가 있다.

한문본에는 본문의 첫 문장이 조목 96의 평(評)에 포함되어 있다.

1 부처는 본성~깨치면 부처다:『육조단경』에 나오는, 혜능의 말.

101 깨끗하고 더러움은 마음에 있다

유마 거사가 말했다.

"깨치지 못한 사람은 염불하여 서방정토에 태어나기를 바라지만, 깨친 사람은 제 마음을 깨끗이 한다."

또 말했다.

"마음이 깨끗하면 불토(佛土)가 깨끗할 것이다."

또 말했다.

"깨끗하고 더러움은 마음에 있으니, 불국토(佛國土)와 무슨 상관이 있겠는가?"[1]

해설

서방정토, 곧 불국토에 대한 집착도 부질없다. "불토"와 "불국토" 모두 '부처님 나라'를 뜻한다.

한문본에는 첫째 인용만 조목 96의 평에 포함되어 있다.

---

1 깨치지 못한~상관이 있겠는가: 본문의 인용 모두 『유마경』에서 따온 말이다. 『육조단경』에도 비슷한 구절이 보인다.

102 부처는 중생을 제도할 수 없다

선덕이 말했다.

"중생이 마음을 깨쳐 자신을 스스로 제도하는 것이지 부처는 중생을 제도할 수 없다. 부처가 만일 제도할 수 있다면 과거의 여러 부처들이 갠지스강의 모래처럼 무수히 많거늘 무슨 까닭으로 우리가 지금까지 성불하지 못했겠는가? 그러므로 스스로 도를 닦지 않고 한갓 정토만 바라는 사람은 틀렸다는 점을 알 것이다."[1]

세간의 책에 이런 구절이 있다.

"사광이 아무리 음악에 뛰어나도 줄 없는 거문고를 연주할 수 없고, 여우와 오소리 가죽이 아무리 따뜻해도 죽은 사람을 따뜻하게 할 수는 없다."[2]

경전에 이런 말씀이 있다.

"대의왕(大醫王: 세상의 모든 병을 고칠 수 있는 부처와 보살)이 모든 병을 고칠 수 있다 하나 목숨이 다한 사람은 고칠

---

1 중생이 마음을~알 것이다: 오조 홍인의 「최상승론」에서 따온 말.

2 사광(師曠)이 아무리~할 수는 없다: 『홍명집』(弘明集)에 수록된 「모자이혹론」(牟子理惑論)에 나오는 말. 『홍명집』은 남조 양나라의 승려이자 불교학자 승우(僧佑, 445~518)가 편찬한 불교 문집이다.

수 없고, 대각왕(大覺王: 부처)이 모든 중생을 제도할 수 있으나 믿지 않는 사람은 제도할 수 없다."[3]

이로써 보건대 믿음 없는 사람이 스스로 도를 닦지 않고 한갓 정토만 바라는 것은 천 번 틀리고 만 번 틀렸다고 이를 만하다.

해설

"세간의 책"은 불교 경전 외의 책을 말한다.

"사광"은 춘추시대 진(晉)나라의 악사(樂師)로, 귀가 밝아 음을 잘 분별했던 인물이다.

한문본에는 인용문의 첫 문장만 조목 96의 평에 포함되어 있다.

3 대의왕(大醫王)이 모든~제도할 수 없다: 송나라 왕일휴(王日休)의 『용서정토문』(龍舒淨土文)에 나오는 말. 『화엄경』에도 유사한 내용이 보인다.

103 아미타불의 발원

평하여 말한다.

위의 선덕들은 마음을 곧바로 가리킬 뿐 별도의 다른 방편이 없으니, 이치가 실로 그렇다. 그러나 중생을 제도하기 위한 부처님의 가르침에는 진실로 극락세계 아미타불의 사십팔대원[1]이 있어 무릇 열 번 "아미타불"이라 염불한 사람은 그 발원에 힘입어 반드시 연꽃 속에 왕생하여 곧바로 윤회에서 벗어나니, 삼세의 모든 부처가 이구동성으로 기리고, 시방세계의 보살들이 한마음으로 극락왕생을 바란다. 하물며 고금에 극락왕생한 사람들의 행적이 기록에 분명히 남아 있으니, 바라건대 수행하는 이들은 부디 잘못 알지 말라. 오직 그 병을 제거할 뿐이지 그 법까지 제거하지 않으셨다.

1 중생을 제도하기 위한 부처의 가르침에 따라 오직 염불의 방편을 기렸다.

"방편"이란 것은 하나의 방법을 가지고 육근(六根)과 만나

---

1 아미타불의 사십팔대원(四十八大願) : 아미타불이 과거 승려 시절에 했던 마흔여덟 가지 발원. 자신이 깨달음을 얻어 성불하고자 하는 바람과 중생들이 아미타불의 국토에 극락왕생하기를 기원하는 마음을 담았는데, 『무량수경』(無量壽經)에 자세한 내용이 들어 있다.

는 것이니, 여러 부처들이 중생을 교묘하게 이끈 방법이다.

2 산스크리트어 '아미타'는 무량수(無量壽: 끝없는 수명), 또는 '무량광'(無量光: 끝없는 빛)을 뜻하니, 시방세계와 삼세에 으뜸가는 부처의 이름이다.

"아미타불"은 수행할 때의 이름이 법장(法藏) 비구였는데, 세자재왕불[2] 앞에서 마흔여덟 가지 발원을 알리고 말했다.

"내가 부처가 되었을 때 무한한 시방세계 모든 하늘과 인간 세계의 백성으로부터 작은 벌레에 이르기까지 내 이름을 열 번 부르면 반드시 내 나라에 태어날 것입니다. 만약 이 소원을 이루지 못한다면 끝내 성불하지 않겠습니다."[3]

옛날의 성인은 이렇게 말했다.

"염불 한 번에 천마[4]가 공경하여 두려워하고, 그 이름이 귀신의 명부에서 지워지며, 황금 연못에 연꽃이 피어난다."[5]

그러니 윤회를 빨리 벗어나기 위해서는 염불이 지름길임을 알 것이다.

3 『참법』[6]에 이런 말이 있다.

2 세자재왕불(世自在王佛) : 아미타가 수행하던 시절 가르침을 받은 부처.

3 내가 부처가~성불하지 않겠습니다 : 『무량수경』에 나오는 말.

4 천마(天魔) : 타화자재천(他化自在天)의 왕으로 수행을 방해하고 괴롭히는 천자마(天子魔).

5 염불 한 번에~연꽃이 피어난다 : 고려 말의 선사 나옹(懶翁) 혜근(惠勤, 1320~1376)의 게송에서 취한 구절.

"나의 힘과 남의 힘이 하나는 더디고 하나는 빠르다. 고해(苦海)를 건너려는 사람이 나무를 심어 배를 만드는 것은 내 힘으로 수행하는 것과 비슷하니 더디고, 배를 빌려 바다를 건너는 것은 부처의 힘으로 벗어나는 것과 비슷하니 빠르다."

또 이런 말이 있다.

"내 힘만으로는 많은 겁(劫)을 지내야 할 수 있으나 부처님은 한순간에 멸하신다."

또 이런 말이 있다.

"세간에서 어린아이가 물이나 불 때문에 다급해서 큰소리로 울부짖으면 부모가 그 소리를 듣고는 모든 일을 제쳐두고 급히 달려와 구한다. 이는 사람이 임종 때 큰소리로 염불하면 저 부처님께서 세상 모든 것을 보는 천안(天眼)과 세상 모든 것을 듣는 천이(天耳)를 지니고 계시므로 반드시 맞이해 가시는 것과 같다."

아미타의 큰 자비와 큰 발원이 부모보다 깊고, 중생이 겪는 생사의 고통이 물불보다 심하다.

4 어떤 이가 말했다.

"오직 내 마음이 정토이니 정토에서 태어날 일이 없고, 내

---

6 『참법』(懺法) : 『아미타참법』(阿彌陀懺法)을 말한다. 아미타불 앞에 모든 악업을 참회하고 극락왕생을 발원하는 의식의 절차와 내용 등을 수록한 책으로, 육조시대(六朝時代) 이래로 유행했다. 조선에서는 성종 때 왕실에서 간행한 『예념미타도량참법』(禮念彌陀道場懺法)이 널리 읽혔다.

성품이 아미타불이니 아미타불을 볼 일이 없다."

이 말은 옳은 듯하지만 실은 틀렸다. 저 부처님은 탐하지 않고 분노하지 않으시거늘, 나도 탐하지 않고 분노하지 않는가? 저 부처님께는 지옥을 바꾸어 연화세계[7]로 만드는 것이 손바닥 뒤집듯 쉬운 일이지만, 나는 업력(業力: 선업과 악업에 따라 보응하는 힘) 때문에 지옥에 떨어질까 늘 두려워하거늘 어찌 지옥을 바꾸어 연화세계로 만들겠는가? 저 부처님은 무량세계(無量世界: 한량없는 세계)를 눈앞에 있는 듯이 보시지만, 나는 담장 밖의 일도 모르거늘 하물며 시방세계를 어찌 눈앞에 있는 듯이 보겠는가? 이 때문에 탐하고 분노하는 것이 비록 모두 '공'(空)이지만 업을 지을 수 있고, 업 또한 '공'이지만 지옥의 고통을 부를 수 있으며, 지옥의 고통이 비록 '공'이지만 공(空)을 참기는 어렵다.

5 종밀 선사가 말했다.

"자신의 마음에 체공(體空: 망심妄心의 본체가 공空이라는 것)과 성사(成事: 본체가 공인 망심으로 일체의 일을 이루는 것)가 모두 있으므로 설령 진실로 단박에 깨쳤다 하더라도 마침내 반드시 점진적인 수행이 따라야 한다."[8]

그러니 어찌 하늘에서 타고난 석가와 자연히 생긴 아미타

---

7 연화세계(蓮花世界): 아미타불이 사는 서방정토.

8 자신의 마음에~따라야 한다:『선원제전집도서』에서 따온 말.

불이 있겠는가?

또 말했다.

"마명[9]과 용수(나가르주나)는 모두 조사(祖師)이시지만 분명한 말씀으로 왕생하기를 간절히 권하셨다."

그러니 내가 어떤 사람이기에 왕생하고자 하지 않겠는가? 사람이 물을 마시면 차갑고 따뜻함을 자연히 알듯이 각자 각별히 헤아려 볼 일이다. 임종 때 삶과 죽음이며 떠나고 머무름에 대해 자재함을 얻을 수 있겠는가? 만약 그렇지 않다면 한때의 교만함으로 도리어 영겁의 세월 동안 깊이 떨어지지 않도록 하라.[10]

또 부처께서 친히 "서방정토가 여기서 10만 8천 리다"라고 말씀하시고, 또 "여기서 멀리 떨어져 있지 않다"라고 말씀하셨으니, 왜인가? 근기에 예리하고 둔함이 있으므로[11] 가르침에 권교(權敎: 근기가 얕은 대중을 위한 임시방편의 쉬운 가르침)와 실교(實敎: 깊고 참된 가르침)가 있으며, 말에 드러내고 감춤이 있는 것이니, 법왕(法王: 법문의 왕, 곧 부처)의 법 가운데 죽이

9 마명(馬鳴): 인도의 문학가이자 불교학자 아슈바고샤(Aśvaghoṣa)를 말한다. 산스크리트 문학 최초의 불교 시인으로, 서사시『붓다차리타』(불소행찬佛所行讚)를 지었다. 브라만 출신으로 불교에 귀의하여 보살의 칭호를 얻었다.『대승기신론』(大乘起信論)의 저자로 알려졌으나, 오늘날에는 후인의 가탁으로 보는 설이 유력하다.

10 사람이 물을~않도록 하라: 당나라 말의 선사 영명(永明) 연수(延壽)의 말.『용서정토문』등에 실려 있다.

11 또 부처께서~둔함이 있으므로: 휴정의「염불문」에 비슷한 구절이 보인다.

고 살리기를 자유자재하게 하시기 때문이다. 통달한 사람들은 이 밝은 거울로 모름지기 자기 얼굴의 곱고 추함을 가려낼지언정 한쪽에 치우쳐 옳고 그름을 따지지 말라.

해설

주해 5의 "서방정토가 여기서 10만 8천 리다" 구절은 『아미타경』에 서쪽으로 10만 8천 리를 가면 극락세계가 있다고 한 데서 따왔다. 10만과 8천은 각각 마음속 십악(十惡)과 팔사(八邪)를 뜻하여, 이를 완전히 제거해야 극락에 이를 수 있음을 의미한다.

'십악'은 신업(身業)·구업(口業)·의업(意業)의 세 가지 업으로부터 비롯된 열 가지 악, 곧 신업의 계율을 어긴 살생·투도·음행, 구업의 계율을 어긴 망어(妄語)·양설(兩舌)·악구(惡口)·기어(綺語), 의업의 계율을 어긴 탐(貪)·진(瞋)·치(癡)를 말한다(자세한 내용은 조목 72의 해설 참조). '팔사'는 팔정도(八正道: 수행의 여덟 가지 바른 길)의 반대 개념에 해당하는 여덟 가지 그릇된 길로, 그릇된 견해〔邪見〕, 그릇된 의도〔邪思惟〕, 그릇된 말〔邪語〕, 그릇된 행위〔邪業〕, 그릇된 생활〔邪命〕, 그릇된 노력〔邪方便〕, 그릇된 마음 단속〔邪念〕, 그릇된 명상〔邪定〕을 말한다.

104 불경을 듣는다는 것

경전을 들으면 내 귀를 거치는 인연이 있고, 남의 기쁜 일을 내 일처럼 기뻐하는 복이 있다. 허깨비 육신은 다함이 있으나 진실한 행위는 사라지지 않는다.[1]

지혜로운 배움이 금강석을 먹는 것과 같아서 칠보(七寶)를 보시하는 것보다 나음을 밝혔다.

연수(延壽) 선사가 말했다.

"듣기만 하고 믿지 않아도 불종(佛種: 부처가 될 종자)의 인연을 맺는 것이요, 배워서 이루지 못하더라도 그 복이 인간계와 천상계의 어느 복보다 클 것이다."[2]

---

1 경전을 들으면~사라지지 않는다: 『치문경훈』(緇門警訓)에 실린 「석문등과기서」(釋門登科記序)에서 따온 말. 『치문경훈』은 송나라의 선승 택현(擇賢) 온제(蘊齊)가 수행에 도움이 되는 글을 모아 편집한 『치림보훈』(緇林寶訓)을 바탕으로 삼아 원나라 영중(永中)이 증보(增補)하고, 훗날 명나라 여근(如巹) 등이 거듭 증보한 책이다. 우리나라에서도 고려 말 이래로 여러 차례 편찬되어 승려들의 교과서 역할을 했다.

2 듣기만 하고~클 것이다: 영명 연수의 「유심결」(唯心訣)에 나오는 말. 지눌의 『수심결』에서도 이 말을 인용했다.

해설

주해의 "금강석"(다이아몬드)은 결코 사라지지 않는, 지혜로운 배움을 비유한 말이다.

"칠보"는 불교에서 이르는 일곱 가지 보배로, 불경에 따라 다르지만 대략 금, 은, 유리, 수정, 산호, 호박, 진주를 꼽는다. 칠보를 보시한다는 것은 온 세계에 큰 공덕을 베풂을 비유하는 말로 『금강경』 등에 자주 보인다.

105 불경을 본다는 것

경전을 보되 자신을 향한 공부를 이루지 않으면 비록 만 권의 경전을 다 본들 무익하다.

어리석은 배움이 마치 봄 새가 낮에 지저귀고 가을벌레가 밤에 우는 것과 같음을 밝혔다.

종밀 선사가 말했다.

"글을 알아 경전을 보는 것으로는 본래 깨달음을 얻을 수 없다. 글을 새기고 뜻을 풀이하는 것은 오직 탐욕과 분노에 휩싸인 그릇된 견해를 타오르게 할 뿐이다."[1]

해설

주해의 "봄 새가 낮에 지저귀고 가을벌레가 밤에 우는 것"은 아무 의미가 없음을 비유한 말이다. 『치문경훈』에 수록된 「무주영안선원승당기」(撫州永安禪院僧堂記)에 다음 구절이 보인다.

"네가 여기서 경전을 가로질러 외고 성스러운 뜻을 탐구하고 음미하며 점수(漸修)를 통해 돈오(頓悟)에 들고, 돈교(頓敎)를 통해

1 글을 알아~할 뿐이다: 『선원제전집도서』에서 따온 말.

원교(圓敎)에 들면 삼장(三藏)이 곧 너고, 네가 곧 삼장이다. 그러나 그렇게 하지 못한다면 봄 새가 낮에 지저귀고 가을벌레가 밤에 울며 바람이 부는 대로 움직이는 것처럼 아무 의미가 없다."

106 마음 다스리기를 가벼이 하면

세간이든 출세간이든 선악의 인과(因果)가 모두 일념(一念)으로부터 일어남을 궁구하지 않는 사람은 온종일 항상 자신의 마음 다스리기를 가벼이 하여 성찰할 줄 모른다. 이 때문에 비록 경전과 선게(禪偈: 선문禪門의 게)를 보다가 문득 뜻을 깨칠 때가 있더라도 오직 그때만 기쁠 뿐이요, 나중에는 문득 가벼이 내버려 취하지 못하고 도리어 속세의 인연을 좇아 순간순간 흘러 옮겨 가니, 어찌 성취할 기약이 있겠는가?[1]

해설

"출세간"은 우리가 사는 세간 밖의 세계, 곧 생사를 초탈한 세계, 혹은 모든 번뇌와 속박에서 벗어난 깨달음의 경지를 말한다.

"인과"의 '인'(因)은 원인이 되는 행위나 인연, '과'(果)는 원인으로부터 말미암아 생긴 과보(果報)를 말한다. 사성제(四聖諦)의 '집'(集)과 '고'(苦)가 세간의 인과에 해당한다면 '도'(道)와 '멸'(滅)은 출세간의 인과에 해당한다고 본다.

---

1 세간(世間)이든 출세간(出世間)이든~기약이 있겠는가: 『법집별행록절요』에서 따온 말.

107 보배는 내 안에 있다

배우는 사람들이 자기 마음속 번뇌의 본성이 공(空)임을 돌이켜 비추지 못하므로 총명과 지혜를 가지고도 한 해가 다 가도록 남의 보배만 헤아릴 따름이다.[1]

저 낡은 종이를 뚫는다고
내 보물 창고는 잊었네.
鑽彼古紙, 忘我寶藏.

해설

송(頌)의 "낡은 종이를 뚫는다"라는 말은 불경이나 고서를 맹목적으로 읽는 것을 비유한 말로, 당나라의 선승 고령(古靈) 신찬(神贊)의 다음 고사에서 유래한다.

고령 신찬이 백장 회해의 문하에서 깨침을 얻고 처음 계를 내려준 스승 계현(戒賢)에게 돌아왔다. 계현이 방에서 열심히 불경을 읽고 있는데 마침 벌 한 마리가 창호지를 뚫고 밖으로 나가려 애쓰고 있었다. 그 광경을 본 신찬은 이렇게 노래했다.

---

1 배우는 사람들이~헤아릴 따름이다:『법집별행록절요』에서 따온 말.

열린 문으로 나가지 않고
창문에 몸을 던지니 어리석기도 하지.
백 년 동안 낡은 종이를 뚫은들
어느 때야 밖으로 나갈까?

空門不肯出, 投窗也大癡. 百年鑽故紙, 何日出頭時.

신찬이 열린 문을 두고 창호지를 뚫고 나가려는 벌에 빗대어 불경 읽기에만 골몰한 계현을 조롱하자 계현이 제자의 말에 큰 깨우침을 얻었다. 이 고사는 송나라 임제종의 선승 보제(普濟)가 편집한 『오등회원』(五燈會元) 등에 보인다.

108 내 마음에서 깨쳐라

사람들은 교법으로 깨치는 일이 많고 자기 마음에서 깨치지 못하니, 비록 성불하기에 이를지라도 모두 성문(聲聞)의 견해라고 할 것이다.[1]

간절히 알고자 하는 마음으로 분발하여 모래알처럼 많은 의미를 궁구하고자 하지만, 어찌 말 없음이 곧 진승(眞乘: 참된 가르침)임을 알겠는가?

해설

"교법"(敎法)은 말이나 글로 표현된 부처의 가르침, 곧 경·율·논 삼장(三藏)의 가르침을 말한다.

"성문"은 부처의 가르침에 따라 수행하는 자를 말한다. 이에 상대되는 말이 스승 없이 홀로 연기의 이치를 통찰하여 깨달음에

---

1 사람들은 교법(敎法)으로~할 것이다: 『전심법요』에 나오는, 황벽 희운의 말에서 따왔다. 해당 내용은 다음과 같다. "도를 배우는 사람들은 대개 교법에서 깨치고 심법(心法)에서 깨치지 못하니, 그렇다면 아무리 여러 겁을 수행한들 끝내 본래의 부처는 아니다. 마음에서 깨치지 못하고 교법에서 깨치면 마음을 가벼이 여기고 '교'를 중히 여긴다. (…) 오직 본심에 들어맞으면 법을 찾지 않아도 마음이 곧 법이다."

이른 자를 뜻하는 '연각'(緣覺)이다.

109 통발은 잊어라

선덕이 말했다.

"미혹된 사람은 문자를 향하여 깨침을 구하지만, 깨친 사람은 자신의 마음을 향하여 깨친다. 미혹된 사람은 인(因)을 닦아 과(果)를 기다리지만, 깨친 사람은 마음이 본래 공임을 안다."[1]

통발과 올가미는 물고기와 토끼가 아니요, 술지게미는 본래의 맛이 아니다.

해설

"인을 닦아 과를 기다린다"라는 말은 원인이 되는 행위를 하여 그 과보(果報)가 일어나기를 바란다는 뜻이다.

"통발"과 "올가미"는 물고기와 토끼를 잡기 위한 수단일 뿐이지 물고기와 토끼가 아니다. "술지게미"는 술을 거르고 남은 찌꺼

---

1 미혹된 사람은~공(空)임을 안다: 대주 혜해의 말에서 따온 것으로, 『대주선사어록』(大珠禪師語錄)과 『경덕전등록』에 보인다. 『대주선사어록』에는 "마음이 본래 공임을 안다" 구절이 "마음에 상(相)이 없음을 안다"로 되어 있다.

기이니 여기서 술의 참맛을 느낄 수는 없다.

110 본래의 진심을 지키는 일

조사가 말했다.

"일천 경(經)과 일만 논(論)이 본래의 진심을 지키는 것만 못하다."[1]

위의 모든 글을 매듭지으며 말세의 어리석은 배움을 정신이 번쩍 들게 거듭 꾸짖어 문자에 얽매이지 말고 자기 자신으로 돌아가도록 한 말이다.

해설

부처의 말씀을 기록한 "경"(經)과 부처의 가르침을 교리로 정리한 "논"(論)에서 깨달음을 얻으려 하지 말고 자기 마음에서 깨쳐야 한다는 말을 반복했다.

1 일천 경(經)과~것만 못하다: 오조 홍인의 「최상승론」에서 따온 말.

111 선가의 낮은 경지

설령 일천 경과 논의 뜻을 풀이하여 설명한다 해도 선가의 제2기(機)에 떨어질 것이다.[1]

가르침에 의지하는 것과 가르침을 떠나는 것의 우열이 아득히 멀구나. 바닷속에 천 개의 구슬이 있다 한들 어찌 격외(格外)의 보배 하나에 견주겠는가?

해설

"제2기"란 제1기(機), 곧 선법(禪法)을 참되고 바르게 드러내 '직지인심'(마음속의 진리를 직관함)하는 기봉(機鋒: 날카로운 칼끝)에 미치지 못한 제2의 경지를 뜻한다.

"천 개의 구슬"은 수많은 경과 논을, "격외의(격식을 벗어난) 보배"는 자신의 마음을 비유한 말이다.

---

1 설령 일천~떨어질 것이다: 당나라 말의 선사 영명 연수의 말로, 『예장사사문종경 제송강요』(豫章寺沙門宗鏡提頌綱要) 등에 보인다.

12장

경계

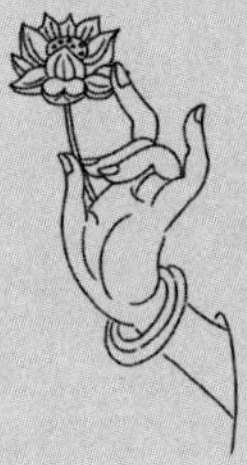

112 널리 들으면 도를 알지 못한다

선덕이 말했다.

"하나의 법에 통하면 일만 법에 절로 통한다. 그러므로 널리 듣기를 좋아하는 사람은 도를 알지 못한다."

"하나의 법"은 이름〔名〕을 떠나고 형상〔相〕을 끊은 것이니, 천만 가지 생각이 도에 무익하다.

해설

『사십이장경』(四十二章經)에 다음 구절이 보인다.

"널리 듣기만 하고 도 닦기를 아끼면 도를 깨치기 어렵다."

명나라의 선승 우익(藕益) 지욱(智旭, 1599~1655)은 위의 구절을 이렇게 풀이했다.

"널리 듣기만 하는 자는 문자를 통해 들어가 보고 있다는 것을 알지 못한 채 오직 말만 억지로 기억하려 한다. 도 닦기를 아끼는 자는 도의 근본이 곧 마음임을 알지 못하고 마음 밖에서 헛되이 도를 얻으려 한다."

귀에 들리는 것을 '이름', 눈에 보이는 것을 '형상'이라고 하는데, 불교에서는 이 둘 모두가 망집(妄執)에서 비롯된 것으로 본다.

113 견문을 자랑하지 말라

배움이 아직 도에 이르지 못했으면서 견문을 뽐내고 한갓 혀끝의 날랜 말로 상대를 이기려 하는 것은 마치 뒷간에 단청을 바르는 일과 같다.[1]

해설

한글본에는 주해가 없으나, 한문본에는 다음의 주해가 있다.

"말세(末世)의 어리석은 배움을 특별히 밝힌 말이다. 배움은 본래 자신의 본성을 닦는 것이거늘, 오로지 남에게 보여 주기 위해 익히니 참으로 무슨 마음이란 말인가?"

---

1 배움이 아직~일과 같다: 『선림보훈』(禪林寶訓)에 나오는, 북송(北宋)의 선승 법원(法遠)의 말. 법원은 조계종의 제7대 조사로, 공명과 이록(利祿)을 멀리하기로 이름나 원록공(遠祿公)이라는 별칭을 얻었다. 『선림보훈』은 남송의 승려 정선(淨善)이, 송나라 대혜 종고와 죽암(竹庵) 사규(士珪, 1083~1146)가 역대 선승들의 말을 모은 초고를 다시 편집 증보한 책이다. 우리나라에도 고려 말 우왕(禑王) 때 이 책이 간행되어 전한다.

114 도는 삶을 온전히 하는 것

배움은 본래 본성을 닦는 것이거늘, 왜 남이 알아주지 않는다고 서운해하는가? 도는 본래 자신의 삶을 온전히 하는 것이거늘, 왜 세상에 쓰이기를 바라는가?[1]

이상의 세 조목(조목 112, 113, 114)은 남에게 보이기 위한 배움을 깊이 배척하며 "도"(道)라는 말을 세 번 언급하여 매듭지었다.

'마음이 곧 도'라는 것은 물의 흐름을 따라가 근원을 얻는 것이라고 이를 만한다.[2]

해설

『논어』(論語)의 "남이 알아주지 않아도 서운해하지 않으면 군자답지 않은가?", "옛날에는 자기를 충실하게 하기 위해 공부했는데, 오늘날에는 남에게 보이기 위해 공부한다" 구절과 유사하다.

---

1 배움은 본래~쓰이기를 바라는가: 『치문경훈』에 실린 「설두명각선사 벽간유문」(雪竇明覺禪師壁間遺文)에서 따온 말. '설두 명각 선사'는 설두 중현을 말한다.

2 마음이 곧~이를 만한다: 당나라 영가 현각의 『선종영가집』에 나오는 말.

115 쓸모없는 외전 공부

출가한 사람이 외전(外典)을 배우는 것은 마치 칼로 진흙을 베는 것과 같다. 아무 소용없는 진흙에 칼만 상한다.[1]

문밖에 부잣집 아들
불난 집으로 도로 들어가네.
門外長者子, 還入火宅中.

해설

"외전"은 부처가 전한 가르침 외의 모든 책을 가리키는 말이다.

송(頌)은 『법화경』「비유품」(譬喩品)에 나오는 고사에서 따왔다. 부잣집에 불이 났는데 주인이 불난 집 안에서 놀이에 정신이 팔린 어린 아들을 아들이 좋아하는 물건으로 꾀어 간신히 구출했다는 이야기다. 그렇게 집 밖으로 나온 부잣집 아들이 불난 집으로 다시 들어갔다는 말은 속세의 번뇌를 끊고자 수행하던 이가 다시 속세에 집착함을 뜻한다.

---

1 출가한 사람이~칼만 상한다: 『대지도론』에서 따온 말. 『종경록』에도 보인다.

116 출가의 이유

출가하여 승려가 되는 것이 어찌 작은 일이겠는가. 안일(安逸)을 구함도 아니며, 따뜻하고 배부르기를 구함도 아니며, 이익과 명예를 구함도 아니다. 생사를 위함이며, 번뇌를 끊기 위함이며, 부처님의 혜명(慧命)을 잇기 위함이며, 삼계(三界)를 벗어나 중생을 제도하기 위함이다.[1]

해설

"혜명"은 법신(法身: 불법)의 생명이 되는 지혜, 곧 부처의 가르침을 뜻한다.

"삼계"는 중생이 윤회하는 세 가지 세계, 곧 욕계(欲界)·색계(色界)·무색계(無色界)를 말한다.

한글본에는 주해가 없으나, 한문본에는 다음의 주해가 있다.

"하늘을 찌르는 기세를 지닌 대장부라 할 만하다."

---

1 출가하여 승려가~제도하기 위함이다: 송나라 승려 희안(希顔)의 「석난문」(釋難文)에서 따온 말. 『치문경훈』에 실려 있다.

117 고통의 불

경전에 이런 말씀이 있다.

"무상(덧없음)의 불이 온 세상을 불태운다."[1]

또 이런 말씀이 있다.

"중생들에게 붙은 고통의 불이 사방을 다 태운다."[2]

또 이런 말씀이 있다.

"수많은 번뇌의 도적이 항상 사람을 죽이려 엿보고 있다."[3]

그러니 도를 닦는 사람은 스스로 정신을 바짝 차려 깨치기를 마치 머리에 붙은 불을 끄듯이 해야 한다.[4]

"무상"(無常)이라는 마귀는 죽이는 것을 놀이로 삼으니, 하늘과 땅도 끝나고 다함이 있거늘 하물며 세상 만물이야 말할 나위가 있겠는가! 추위와 더위가 오고 가는 일이며, 해와 달이 차고 이지러지는 일이며, 꽃이 피고 잎이 지는 일이며, 순간순간 찰나의 모든 일이 무상이다.

---

1 무상(無常)의 불이 온 세상을 불태운다:『불유교경』에 나오는 말.

2 중생들에게 붙은~다 태운다: 자각 종색의「자경문」(自警文)에 나오는 말.『치문경훈』에 실려 있다.

3 수많은 번뇌의~엿보고 있다:『불유교경』에 나오는 말.

4 마치 머리에~해야 한다:『대지도론』등에 보이는 표현.

"고통의 불이 사방을 다 태운다"라는 말은 생로병사를 비유한 것이다.

해설

한문본에는 한글본과 다른 다음의 주해가 있다.

"몸에는 생로병사가 있고, 세계에는 이루어지고 유지되고 부서지고 사라지는 것이 있으며, 마음에는 일어나고 머물고 옮겨 가고 소멸하는 것이 있다. 이것이 바로 무상한 고통의 불이 사방을 다 태운다는 것이다. 현묘한 이치를 참구하는 이들에게 삼가 말하나니, 시간을 헛되이 보내지 말라."

118 세상의 뜬 이름

세상의 뜬 이름을 탐하는 것은 거짓 공부에 몸만 고달프게 하는 것이요,[1] 세상의 이익을 얻으려 애쓰는 것은 업(業)의 불에 섶을 더 놓는 것이다.[2]

세상의 명예와 이익은 불붙는 섶이니, 『법화경』에 "조잡하고 거짓된 형체와 소리와 냄새와 맛은 불붙이는 도구이니 탐하지 말라"[3]라고 한 것이 이 뜻이다.

해설

"업의 불", 곧 '업화'(業火)는 악업이 남기는 맹렬한 기세를 불에 비유한 말이다.

한문본에는 한글본과 다른 다음의 주해가 있다.

"'세상의 뜬 이름을 탐한다'라는 것은 어떤 이의 시에 '하늘 끝을 나는 기러기 그 발자국 모래에 남고/황천으로 떠난 사람 그 이

1 세상의 뜬~하는 것이요: 『사십이장경』에서 따온 말.
2 세상의 이익을~놓는 것이다: 『불유교경주』에 나오는 말.
3 조잡하고 거짓된~탐하지 말라: 『법화경』「비유품」에 나오는 말.

릅 집에 남았네'라 한 것과 같다.

'세상의 이익을 얻으려 애쓴다'라는 것은 어떤 이의 시에 '온갖 꽃 꽃가루 모아 꿀을 만들거늘/그 천신만고 누가 단맛 보기 위함인가?'[4]라 한 것과 같다.

'거짓 공부에 몸만 고달프게 한다'는 것은 얼음을 깎아 조각한들 쓸모없는 공교로움인 것과 같다.

'업의 불에 섶을 더 놓는다'는 것은 '조잡하고 거짓된 형체와 소리와 냄새와 맛은 불붙이는 도구'라는 말과 같다."

---

4 온갖 꽃~보기 위함인가: 당나라의 시인 나은(羅隱, 833-909)의 「봉」(蜂)에 나오는 구절.

119 명예와 이익을 탐하는 승려

선덕이 말했다.

"명예와 이익을 탐하는 승려는 초야에 묻혀 사는 사람만 못하다."[1]

해설

한글본에는 주해가 없으나, 한문본에는 다음의 주해가 있다.

"금륜(金輪)에 침을 뱉고 설산(雪山: 히말라야)으로 들어간 것은 석가세존 일천 분이 있다 한들 바꾸지 못할 법칙이다."

"금륜"은 '금륜성왕'(金輪聖王), 곧 제왕의 지위를 말한다. 속세의 제왕 지위를 버리고 출가한 석가세존을 명예와 이익을 탐하는 승려와 대비시켰다.

1 명예와 이익을~사람만 못하다: 송나라의 선사 산당(山堂) 도진(道震, 1079~1162)의 말에서 따왔다. 『선림보훈』에 보인다.

120 양질호피

말세에 양의 몸 위에 범의 가죽을 뒤집어쓴 무리[1]가 염치를 모른 채 바람을 우러르며 세력을 따라 그읏이 아첨하여 총애를 얻은 일들은, 아아! 분명히 증명할 수 있다.

말세의 불자는 마음이 세속의 이익에 물들어 염치를 잊고 풍진(風塵)을 좇아 달리다가 도리어 속세 사람들에게 비웃음을 받는다.

'바람을 우러르며 세력을 따라 그읏이 아첨하여 총애를 얻는다'라는 것은 권세 있는 가문에 아부하는 모습이다.

"명예와 이익을 탐하는 승려"(조목 119)가 "양의 몸 위에 범의 가죽을 뒤집어쓴 무리"임을 증명할 수 있기에 "징야부"(徵也夫: 분명히 증명할 수 있다) 세 글자로 마무리했으니, 이 세 글자는 『장자』(莊子)에서 나왔다.

1 양의 몸~뒤집어쓴 무리: 겉모습만 화려하게 꾸몄을 뿐 실속 없는 자를 비유한 말. 한나라 양웅(揚雄)의 『법언』(法言)에서 "양은 호랑이 가죽을 덮어써도[羊質虎皮] 풀을 보면 기뻐하고 승냥이를 보면 벌벌 떤다"라고 한 데서 유래하는 말이다.

해설

주해의 "징야부" 이하 내용은, 본문의 "분명히 증명할 수 있다"라는 말이 『장자』 외편(外篇) 「산목」(山木) 제6장의 마지막 구절에서 따왔음을 밝힌 것이다. 『장자』의 해당 내용은 다음과 같다.

"지금 혼암한 군주와 어지러운 재상 사이에 있으면서 고달픔이 없고자 한들 어찌 그럴 수 있겠습니까? 이것은 비간(比干)이 심장을 가르는 형벌을 당한 일로 분명히 증명할 수 있습니다."

121 천하게 팔리는 불법

선덕이 말했다.

"말세에 불법이 인정세태에 따라 변하여[1] 속세의 이익으로 천하게 팔리니 슬픈 일이다!"

해설

대혜 종고의 『서장』에는 다음 구절이 보인다.

"근래에 불법을 파는 무리들이 도처에서 한 무더기 선(禪) 비슷한 것을 배우더니, 종사들이 왕왕 간과하는 틈을 타 마침내 허망한 말을 이어서 서로 인가해 주며 후인들을 속여 올바른 종지를 퇴색시키기에 이르렀다."

---

1 말세에 불법이 인정세태에 따라 변하여: 『치문경훈』에 실린 「영명지각수선사 수계」(永明智覺壽禪師垂誡)에 나오는 말. '영명 지각 수 선사'는 영명 연수를 말한다.

122 부처의 옷을 입은 도적

경전에 이런 말씀이 있다.

"어떤 도적이 내 옷을 빌려 입고 여래(부처)를 팔아 가지가지 업을 짓느냐?"[1]

해설

석가세존은 자신을 팔아 죄업을 지으면서 그것이 부처의 법이라고 하는 자들 모두가 무간지옥에 떨어질 것이라고 했다.

---

1 어떤 도적이~업을 짓느냐: 『능엄경』에 나오는 말.

123 가사 입은 도적

말법(말세)의 비구에게 여러 가지 이름이 있으니 혹 '박쥐중'이라고도 하고, 혹 '벙어리 염소 중'이라고도 하고, 혹 '민머리 거사'라고도 하고, 혹 '지옥 찌꺼기'라고도 하고, 혹 '가사(袈裟) 입은 도적'이라고도 하니, 슬프구나, 이 때문이다![1]

[1] 앞의 글을 통틀어 매듭지었다.

법을 팔 뿐 아니라 여래까지 팔아 인(因)과 과(果)를 부정하고, 죄와 복을 부정하며, 신업(身業)과 구업(口業)을 물 끓듯이 짓고, 사랑과 미움을 번갈아 일으키니, 슬프고 안타까우며 서글피 마음 아프다고 이를 만하다.

[2] 승려도 아니고 속인도 아닌 중을 "박쥐중"이라 한다. 불법을 설하려 하면 말문이 막히는 중을 "벙어리 염소 중"이라 한다. 승려의 행색이지만 속인의 마음을 가진 중을 "민머리 거사"라 한다. 죄가 무거워 개과천선할 수 없는 중을 "지옥 찌꺼기"라 한다. 부처를 팔아 생계를 꾸려가는 중을 "가사 입은 도적"이라 한다. '가사 입은 도적'이라는 말이 이처럼 많은 이름을 증명하

1 말법(末法)의 비구에게~이 때문이다:『능엄경』에 나오는 말.

는바, "이차"(以此: 이 때문이다) 두 글자로 글을 마무리했으니, 이 두 글자는 『노자』(老子)에서 나왔다.

해설

주해의 "이차"(以此) 이하 내용은 본문의 "이 때문이다"라는 말이 『노자』 제21장의 마지막 구절 "내가 만물의 시초 모습을 어찌 아는가? 이 때문이다"와 제54장의 마지막 구절 "천하가 그러한 줄 내가 어찌 아는가? 이 때문이다"에서 따왔음을 밝힌 것이다.

124 한 그릇 밥은 농부의 피

슬프다! 불자의 한 벌 옷과 한 그릇 밥이 농부의 피와 길쌈하는 아낙의 고통 아닌 것이 없다.[1] 도안이 밝지 못하거늘 어찌 누릴 수 있겠는가?[2]

『전등록』에 이런 말이 있다.

"한 도인이 도안이 밝지 못했기에 부잣집 동산에 목이버섯으로 태어나 보시를 갚았다."

해설

"도안"은 도의 눈, 곧 진리를 분명히 가려내는 눈을 말한다.

『전등록』, 곧 『경덕전등록』에 다음의 이야기가 실려 있다. 비

1 불자의 한~것이 없다: 고려 말의 선승 야운 각우의 「자경서」에 다음의 내용이 보인다. "농부들은 매번 굶주림과 추위의 고통을 겪고, 길쌈하는 여인들은 늘 몸 가릴 옷이 없거늘, 노동하지 않는 우리가 굶주림과 추위를 꺼리는 마음을 가져서야 되겠는가?"

2 도안(道眼)이 밝지~누릴 수 있겠는가: 「자수심선사 소참」(慈受深禪師小參)에서 따온 말로, 『치문경훈』에 실려 있다. '자수 심 선사'는 송나라의 선사 자수(慈受) 회심(懷深, 1077~1132)을 말한다. '소참'은 수시로 간략하게 행하는 설법을 뜻한다. 많은 대중 앞에서 정기적으로 벌이는 설법인 '대참'(大參)에 상대되는 말이다.

라국(毗羅國)의 부자 범마정덕(梵摩淨德)의 정원 나무에 커다란 목이버섯이 자랐는데 맛이 매우 좋았다. 범마정덕과 둘째아들 라후라다(羅睺羅多)가 따다 먹었는데, 버섯을 따면 곧바로 자라고 다 따내도 다시 생겨나 기이하게 여겼다. 용수보살의 제자 가나제바(迦那提婆)에게 그 까닭을 묻자 가나제바가 말했다.

"그대의 집에서 예전에 한 승려에게 정성껏 공양을 했으나, 그 승려는 도안이 밝지 못해 보시에 보답할 수 없었습니다. 그리하여 목이버섯으로 태어나 보시를 갚고 있습니다."

125 보시받는 짐승

그러므로 이런 말이 있다.

"털을 입고 뿔을 머리에 인 것이 무엇인지 알고 싶으냐? 바로 지금 헛되이 보시를 받는 자들이다.[1] 혹 어떤 자는 배고프지 않은데도 먹고, 춥지 않은데도 입는데, 이것은 진실로 어떤 마음이냐?[2] 눈앞의 쾌락이 곧 후생(後生: 다음 생)의 고통임을 도무지 생각하지 않음이다."

『지론』(智論: 대지도론大智度論)에 이런 말이 있다.

"한 도인이 좁쌀 다섯 알 때문에 소의 몸이 되어 살아서는

---

1 털을 입고~받는 자들이다: 『치문경훈』에 실린 「법창우선사 소참」(法昌遇禪師小參)에서 따온 말. 해당 내용은 다음과 같다. "너희들은 털을 입고 뿔을 머리에 인 것이 무엇인지 알고 싶으냐? 바로 평상시에 함부로 주재하는 자들이다. 너희들은 혀를 뽑아 고통을 주는 발설지옥(拔舌地獄)이 무엇인지 알고 싶으냐? 바로 중생을 미혹시켜 길을 잃게 만드는 자가 갈 곳이다. 너희들은 차디찬 한빙지옥(寒氷地獄)과 펄펄 끓는 확탕지옥(鑊湯地獄)이 무엇인지 알고 싶으냐? 바로 보시를 함부로 받아 쓴 자가 갈 곳이다." '법창 우 선사', 곧 법창(法昌) 의우(倚遇, 1005~1081)는 송나라 운문종(雲門宗)의 선승으로 강서성 법창선원(法昌禪院)에 머물렀다.

2 혹 어떤~어떤 마음이냐: 「자수심선사 소참」에서 따온 말. 해당 내용은 다음과 같다. "너희들이 하루종일 받아 쓰는 온갖 물건이 모두 타인의 힘에서 나오는 것이다. 그렇건만 너희는 배고프지 않은데도 먹고, 춥지 않은데도 입으며, 몸이 더럽지 않은데도 목욕하고, 피곤하지 않은데도 잠을 잔다. 도안이 밝지 않아 번뇌가 다하지 않았거늘, 어찌 누릴 수 있겠느냐?"

뼈 빠지게 일해 갚고, 죽어서는 가죽과 살을 돌려주었다."

헛되이 받은 보시가 메아리처럼 돌아온다.

해설

"털을 입고 뿔을 머리에 인 것"은 금수(禽獸), 곧 날짐승과 길짐승을 말한다. 원문은 "피모대각"(披毛戴角)으로, 선승들이 종종 쓰는 표현이다.

주해의 '소의 몸을 가진 도인'은 석가세존의 제자 중 계율에 가장 밝았다는 교범파제(憍梵波提: 가밤파티Gavāṃpati)를 말한다. 당나라 때 편찬된 『법원주림』(法苑珠林)에 『처처경』(處處經) 및 『대지도론』에 의거한 다음 내용이 실려 있다. 교범파제는 항상 먹은 것을 되새김질하고 다리도 소 다리처럼 생겼는데, 석가세존은 그가 과거 700생 동안 소로 태어나 살았기에 그 습성이 남아 있어 그렇다고 했다. 제자 중 하나가 교범파제가 소로 태어난 까닭을 묻자 석가세존은 아득한 과거세에 교범파제가 남의 밭에 있는 좁쌀 대여섯 알을 따서 맛보고 땅에 뱉어버린 일이 있기에 여러 생 동안 소로 태어났다고 대답했다.

126 무쇠로 몸을 두를지언정

그러므로 이런 말이 있다.

"차라리 뜨거운 무쇠로 몸을 두를지언정 신심 있는 사람이 주는 옷을 받지 말라. 차라리 구리 녹은 물을 입에 부을지언정 신심 있는 사람이 주는 음식을 받지 말라. 차라리 펄펄 끓는 가마솥에 몸을 둘지언정 신심 있는 사람이 주는 집을 받지 말라."[1]

보살의 큰 발원은 『범망경 심지법문품』[2]에 다 갖추어 나타내셨다.

---

1 차라리 뜨거운~받지 말라 : 「운봉열화상 소참어」(雲峰悅和尚小參語)에 나오는 말. 『치문경훈』에 실려 있다. '운봉 열 화상', 곧 운봉(雲峰) 문열(文悅, 998~1062)은 송나라 임제종의 선승으로 남악(南嶽) 운봉에서 수도하며 두 권의 어록을 남겼다.

2 『범망경 심지법문품』(梵網經心地法門品) : 『범망경』(梵網經)을 가리킨다. 『범망경』은 구마라집이 한문으로 번역한 불경이라 알려져 왔으나, 최근에는 5세기경 중국에서 만들어진 경전으로 추정하는 설이 유력하다. 상권은 『화엄경』의 노사나불(盧舍那佛), 곧 비로자나불(毘盧遮那佛 : 광명의 부처)이 40가지 법문(法門 : 열반에 들게 하는 문, 곧 불법)을 설하는 내용, 하권은 대승불교의 보살이 지켜야 할 계율로 이루어졌다. 우리나라에서 특히 중요한 경전으로 인식되어 고려 말 이래 거듭 간행되었다.

해설

본문에서 인용한 「운봉열화상 소참어」 구절은 『범망경』에서 따온 것이다. 『범망경』 하권에 실린 '열 가지 큰 발원' 중 해당 내용만 옮기면 다음과 같다.

"차라리 뜨거운 무쇠 그물로 몸을 천 겹 두를지언정 파계한 몸으로는 결코 신심 있는 사람이 보시하는 옷을 입지 않겠다고 맹세해야 한다. 차라리 이 입으로 뜨거운 쇠구슬과 맹렬하게 타오르는 불덩이를 백천 겁 동안 삼킬지언정 파계한 입으로는 결코 신심 있는 사람의 온갖 음식을 먹지 않겠다고 맹세해야 한다. (…) 차라리 끓는 가마솥에 몸을 던져 백천 겁을 지낼지언정 파계한 몸으로는 결코 신심 있는 사람이 주는 방이며 집이며 원림이며 땅을 받지 않겠다고 맹세해야 한다."

127 화살을 맞듯이

그러므로 이런 말이 있다.
"도인은 밥 먹기를 독약 먹듯이 하고, 보시 받기를 화살 맞듯이 한다. 융숭한 대접과 달콤한 말은 도인이 두려워해야 할 대상이다."[1]

해설

한글본에는 주해가 없으나, 한문본에는 다음의 주해가 있다.

"'밥 먹기를 독약 먹듯이 한다'라는 것은 도안(道眼)을 잃을까 두려워해서고, '보시 받기를 화살 맞듯이 한다'라는 것은 도과(道果)를 잃을까 두려워해서다."

'도과'는 도의 열매, 곧 수행하여 도를 이룬 결과 얻게 되는 깨침을 말한다.

1 도인은 밥~할 대상이다:「자수심선사 소참」에 나오는 말.

128 역경계와 순경계

그러므로 이런 말이 있다.

"역경계는 치기 쉽지만, 순경계(順境界)는 치기 어렵다."[1]

"역경계"와 "순경계"는 아상(我相)의 소치다.

해설

"역경계"는 자신의 마음을 거스르는 대상을, "순경계"는 자신의 마음에 부합하는 대상을 말한다.

"아상"은 '나'라는 상(相), 남과 다른 '나'가 있다고 여겨 집착하는 헛된 생각을 말한다.

본문의 인용에 대한 대혜 종고 자신의 풀이는 다음과 같다.

"내 뜻을 거스르는 것은 '참을 인(忍)' 자 하나를 가지고 짧은 시간만 살피면 곧 지나간다. 그러나 순경계는 회피할 곳이 없으니 자석과 철이 달라붙은 것처럼 모르는 사이에 하나가 된다."

1 역경계(逆境界)는 치기~치기 어렵다: 대혜 종고의 말로, 『서장』에 실려 있다.

129 닳아 가는 숫돌

그러므로 이런 말이 있다.

“도를 닦는 사람은 한 덩이 숫돌과 같다. 장씨 집 셋째도 와서 갈고, 이씨 집 넷째도 와서 갈며, 이 사람 저 사람 칼을 갈러 오고 가니, 남의 칼을 잘 들게 한 만큼 내 숫돌은 점점 닳아 간다. 그럼에도 어떤 사람은 또 남이 와서 내 숫돌에 칼을 갈지 않는 것을 싫어하니, 진실로 슬프다!”[1]

앞 조목의 ‘경계’(境界)를 풀이한 말이다.

해설

남들 앞에 자신을 드러내는 데서 수도의 기쁨을 얻는 것 또한 ‘순경계’에 해당한다는 것이 주해의 의미로 보인다.

한문본에는 다음의 주해가 있다.

“이러한 도인은 평생의 지향이 오직 따뜻하고 배부른 데 있을 뿐이다.”

---

1 도를 닦는~진실로 슬프다:「자수심선사 소참」에서 따온 말.

130 진정한 고통

그러므로 옛말에 또 이런 것이 있다.
"삼도의 고통은 고통이 아니다. 가사를 입고 사람의 몸(몸가짐)을 잃는 것이야말로 비로소 고통이다."[1]

"슬프다!"(조목 124) 한마디로 시작해서 하나의 옛말로 마무리하고, 중간에 여러 번 "그러므로 이런 말이 있다"라고 하며 뜻을 풀어 나갔으니, 이 또한 하나의 글쓰는 법이다.

해설

"삼도", 곧 삼악도(三惡道)는 죄 지은 중생이 그 과보로 받는다고 하는, 지옥도(地獄道)·축생도(畜生道)·아귀도(餓鬼道)의 세 가지 세계를 말한다.

1 삼도(三途)의 고통은~비로소 고통이다: 송나라 임제종의 선승 홍영(洪英) 소무(邵武, 1012~1070)의 말. 『선림보훈』에 보인다.

13장

더러운 몸 깨끗한 땅

131 쯧쯧 이 몸

"쯧쯧, 이 몸! 아홉 구멍에서 항상 오물이 흐르고, 수백 수천 부스럼을 한 조각 엷은 가죽으로 싸 놓았네."[1]

또 이런 말이 있다.

"가죽 자루에 똥이 차고 고름과 피가 모여 냄새나고 더러우니,[2] 탐할 것도, 아까워할 것도 없네."[3]

하물며 아무리 백 년을 거느려 길러 봐야 단숨에 은혜를 배반하지 않던가!

[1] "아홉 구멍"은 한 몸의 위에 일곱, 아래에 둘이 있다.

위에서 말한 모든 업이 다 이 몸으로 말미암은 것이니, "쯧쯧" 꾸짖는 소리로 시작하고 그 잘못과 악을 특별히 밝혀 마음을 닦는 사람으로 하여금 탐하거나 아까워하지 말게 한 것이다. 이 몸은 똥 덩어리라 냄새나고 더러움이 이러하되, 항상 행실

---

1 쯧쯧, 이~싸 놓았네: 북송의 선승 변재(辨才) 원정(元淨, 1011~1091)의 「심사명」(心師銘)에 나오는 말. 본래 『열반경』에 "이 몸은 부정하여 아홉 구멍으로 항상 더러운 것이 흐른다"라는 구절이 있다. 변재 원정은 불경에 정통하고 도행이 높아 20대의 나이에 신종(神宗)에게 변재대사(辯才大師)라는 호를 받았다. 시에도 뛰어나 소동파(蘇東坡)·조변(趙抃)·진관(秦觀) 등의 명사들과 교유했다.

2 가죽 자루에~냄새나고 더러우니: 영가 현각의 『선종영가집』에 나오는 말.

3 탐할 것도, 아까워할 것도 없네: 「심사명」에 나오는 말.

없음이 가장 누추하여 착한 신(神)이 다 등지고 떠난다.

2 위의(威儀: 규율에 맞는 몸가짐)에 관한 경전에 이런 말이 있다.

"깨끗이 씻지 않은 손으로 불경을 들거나 부처 앞에서 코를 풀고 침을 뱉으면 이 사람은 다 뒷간 벌레가 될 것이다."

또 이런 말이 있다.

"뒷간에 가서 깨끗이 씻지 않은 사람도 이러할 것이다."

또 이런 말이 있다.

"무릇 뒷간에 들어갈 때는 모름지기 먼저 손가락을 세 번 튕겨 뒷간 귀신을 경계하고, 코를 풀거나 침을 뱉지 말며, 말소리를 내지 말고, 벽에 그림을 그리거나 낙서하지 말며, 다섯 가지 주문을 속으로 외며 착실히 씻어라. 만일 이 다섯 가지 주문을 일곱 번 외지 않으면 비록 일곱 갠지스강의 물을 다 가져다가 몸을 씻어도 깨끗하지 못할 것이다."

또 이런 말이 있다.

"씻을 때는 모름지기 찬물을 써야 하며, 손을 씻을 때는 반드시 목설(木屑: 톱밥)과 회니(灰泥: 재, 비누)를 써야 한다."

뒷간에 가서 깨끗이 씻는 일 또한 도인이 날마다 하는 일이므로 대략 경전의 글을 인용하여 여기에 함께 덧붙인다.

해설

주해 2의 인용은 모두 『치문경훈』의 「등측규식」(登厠規式: 뒷간

갈 때의 규율)에 보인다. 고대 인도에서 집단 생활을 하던 승려들에게 위생 문제가 매우 중요했기에 세세한 규율을 두었을 것이다.

"다섯 가지 주문"은 뒷간에 들어갈 때 외는 '옴하로다야사바하', 뒷물할 때 외는 '옴하나마리제사바하', 손을 씻을 때 외는 '옴주가라야사바하', 더러움을 제거한다는 뜻에서 외는 주문 '옴시리예바혜사바하', 몸을 깨끗이 한다는 의미에서 외는 주문 '옴바아라놔가닥사바하'를 말한다. 이 또한 『치문경훈』의 「등측규식」에 보인다.

132 질박하고 곧은 마음

도인은 반드시 마음을 단정히 해서 질박하고 곧음〔質直〕을 근본으로 삼아야 한다.[1] 그리하여 표주박 하나와 승복 한 벌로 나그네가 정처 없이 떠돌 듯 어디에도 얽매임이 없어야 하며, 말을 할 때 경전에 관계되어야 하고, 불법을 설할 때 옛날의 모범을 자세히 헤아려야 한다. 말은 마음의 싹이니, 짐작으로 방자하게 해서야 되겠는가?[2]

"질직"(質直: 질박하고 곧음) 두 글자를 풀이했다.

해설

위산 영우도 "도인의 마음은 질박하고 곧아 거짓이 없다"라는 말을 했다.

"표주박(발우) 하나와 승복 한 벌"은 청빈한 수행자의 상징이다. 휴정의 시 「재상 소세양의 시에 차운하여 진가대사에게 주다」

---

1 도인은 반드시~삼아야 한다:『불유교경』에서 따온 말.『불유교경』에서는 '질박하고 곧은 마음'과 '지조를 굽혀 아첨하는 마음'을 대비했다.

2 말을 할 때~해서야 되겠는가:『치문경훈』에 실린「위산대원선사 경책」(潙山大圓禪師警策)과 그 주석에서 따온 말. '위산 대원 선사'는 위산 영우를 말한다.

(次蘇相世讓韻贈眞機大師)에 "발우 하나와 승복 한 벌로/기세등등 자유로이 다니네"(一鉢兼一衲, 騰騰自在行) 구절이 보인다.

133 곧은 마음이 정토

부처께서 말씀하셨다.

"마음을 곧은 활시위같이 하라."[1]

정명이 말했다.

"곧은 마음이 곧 도량이며, 곧은 마음이 곧 정토다."[2]

윗글을 마무리했다.

해설

직심(直心), 곧 거짓 없이 곧은 마음이 출발점이자 도달점이다.

본문 내용이 한문본에는 앞 조목(조목 132)의 주해로 실려 있다.

1 마음을 곧은 활시위같이 하라 : 『능엄경』에 나오는 말.

2 곧은 마음이~곧 정토다 : 『유마경』에 나오는 말.

134 참회와 참괴

죄가 있거든 즉시 참회(懺悔)하고, 업을 짓거든 즉시 참괴(慚愧)한다면 대장부의 기상이 있는 것이다. 허물을 고쳐 스스로 새로워지면 죄가 마음을 좇아 사라진다. 그릇됨을 아는 일념(一念)이 부처가 되고 조사가 되는 바탕이다.[1]

"참회"는 앞서 지은 허물을 뉘우치고〔懺〕, 나중에 지을 과오를 범하지 않도록 각오하는〔悔〕 것이다.[2] "참괴"(부끄러워함)는 안으로 자신을 꾸짖고〔慚〕, 밖으로 부끄러움을 드러내는〔愧〕 것이다. 그러나 마음은 본래 텅 비어 고요한〔空寂〕 것이니, 죄와 업이 붙을 곳이 없다.

---

1 그릇됨을 아는~되는 바탕이다: 명나라의 선사 박산(博山) 무이(無異)의 『선경어』(禪警語) 등에 보이는 말.

2 "참회"는 앞서~각오하는〔悔〕 것이다: 『육조단경』의 다음 구절에서 따온 말. "'참'(懺)이라는 것은 지난날의 잘못을 뉘우쳐서 종전에 지은 악업이며 어리석음과 미혹됨, 교만과 속임수, 시기와 질투 등의 죄를 모두 없애 다시는 일어나지 않게 함이다. '회'(悔)라는 것은 훗날의 과오를 뉘우쳐서 향후 지을 악업이며 어리석음과 미혹됨, 교만과 속임수, 시기와 질투 등의 죄를 모두 끊어 다시는 짓지 않게 함이다."

해설

잘못을 잘못인 줄 알아 교묘한 말로 둘러대거나 우기며 자신을 속이지 않는 것 또한 부처가 되는 바탕이다.

135 만행의 길

실제이지(실제 이치의 땅)에서는 하나의 티끌도 용납하지 않으나, 불사문(佛事門)에서는 하나의 법도 버리지 않는다.[1]

만행(萬行)에 관한 앞의 모든 글을 총괄하여 마무리했다.

「현중명」(玄中銘)에 이런 말이 있다.

삼라만상은 옛 부처의 가풍(家風)
푸른 하늘은 도인의 활계(活計).

해설

"실제이지"는 진여무상(眞如無相)의 경지, 곧 모든 차별을 떠난, 있는 그대로의 본성을 깨달은 경지를 말한다.

"불사문"은 부처의 가르침으로 인도하기 위한 방편을 말한다.

동산 양개의 「현중명」을 인용한 구절에서 "삼라만상"은 세상 만물에 깃든 부처의 가르침, 곧 '불사문'에, "푸른 하늘"은 한 점 티

1 실제이지(實際理地)에서는 하나의~버리지 않는다: 위산 영우의 말로, 『경덕전등록』 등에 보인다.

끝 없는 '실제이지'에 대응된다.

136 마음과 경계

범부는 경계(대상)를 취하고 도인은 마음을 취하나, 마음과 경계를 둘 다 잊는 것이 참된 법이다.[1]

범부와 이승(二乘)을 합하여 논했다.

> 천지에는 진나라의 해와 달이 없고
> 산하에는 한나라의 군주와 신하가 보이지 않네.[2]
> 天地尙空秦日月, 山河不見漢君臣.

해설

"도인"은 "이승"(二乘: 번뇌를 끊고 깨달음으로 인도하는 성문승聲聞乘과 연각승緣覺乘의 두 가지 가르침. 곧 소승小乘)에 대응된다.

---

1 범부는 경계를~참된 법이다:『전심법요』에 나오는, 황벽 희운의 말.

2 천지에는 진나라의~보이지 않네: 송나라 임제종의 승려 달관(達觀) 담영(曇穎, 989~1060)이 "사람(마음)과 경계(대상)를 모두 빼앗았다는 게 무엇입니까?"라는 물음에 대답한 말로, 마음과 경계가 모두 사라진 단계를 뜻한다. 이 말은『오등회원』과『인천안목』등에 보인다. 임제종에서는 사람과 경계를 모두 빼앗는 것이 상등의 근기를 가진 사람을 대하는 법이고, 사람과 경계를 모두 빼앗지 않는 것이 그보다 더 위의 단계라고 한다.

한문본 주해에는 한글본 주해 앞에 다음 구절이 더 있다.

"경계를 취하는 자는 목마른 사슴이 아지랑이를 물인 줄 알고 좇아가는 것과 같고, 마음을 취하는 자는 원숭이가 물에 비친 달을 잡으려는 것과 같다. 경계와 마음이 비록 다르지만 병통을 취하기는 마찬가지다."

사슴과 원숭이의 비유는 『능가경』과 『대보적경』(大寶積經) 등에 보인다.

137 보살은 세간에 놀아도

성문(聲聞)은 숲속에 고요히 앉아서도 마왕에게 붙잡히지만, 보살은 세간에서 자유로이 노닐어도 외마(外魔)가 찾아내지 못한다.

성문과 보살을 합하여 논했다.

> 춘삼월 꽃길에 느긋하게 노니는데
> 한 집은 빗속에 근심스레 문을 닫네.[1]
> 三月懶遊花下路, 一家愁閉雨中門.

해설

본문의 '고요히 앉음', 곧 연좌(宴坐)는 좌선(坐禪)을 뜻한다.

"외마"는 천마(天魔), 곧 타화자재천의 왕인 마라(魔羅)를 말

---

1 춘삼월 꽃길에~문을 닫네: 송나라 임제종의 선승 풍혈(風穴) 연소(延沼, 896~973)가 "유(有)와 무(無)가 모두 갈 곳이 없을 때는 어찌합니까?"라는 물음에 답한 말. 『경덕전등록』과 『선문염송』 등에 실려 있다. 본문과 관련하여 송(頌)의 앞 구절은 보살에, 뒷 구절은 성문에 대응된다. 『선문염송』은 고려의 승려 혜심(慧諶)이 불경과 조사들의 언행 1125개 조목을 뽑고 각 조목마다 조사들의 풀이와 송(頌)을 덧붙인 책이다.

한다. 온마(蘊魔)·번뇌마(煩惱魔)·사마(死魔)·천마를 사마(四魔)라 하는데(조목 31의 해설 참조), 앞의 셋이 자신의 몸과 마음으로부터 일어나는 장애라면, 천마는 외부로부터 온 장애다.

항상 한가한 곳을 거닐며 청정의 계를 실천했다는 금강제보살(金剛齊菩薩)을 장폐마왕(障蔽魔王)이 천 년 동안 따라다녔으나 그 거처를 찾지 못했다는 이야기가 『오등회원』과 『선문염송』 등에 보인다.

한문본에는 다음의 주해가 더 있다.

"성문은 고요함을 취하여 수행하므로 마음이 움직인다. 마음이 움직이면 귀신이 본다. 보살은 본성이 본래 공적(空寂)하므로 자취가 없다. 자취가 없으면 외마가 보지 못한다."

138 부처도 바꾸지 못할 법

중생은 자신을 몰라 외물(外物)을 좇으므로[1] 모든 법이 본래 공적(空寂)함을 말하여 첫째 체구(體句: 본체·본질에 관한 글귀)로 삼으시고, 또 중생이 공(空)에 잠기며 적(寂)에 걸릴까 싶어 갠지스강의 모래처럼 무수히 많은 묘용(妙用: 오묘한 작용)을 말하여 둘째 용구(用句: 작용에 관한 글귀)로 삼으시며, 또 중생이 양극단으로 치달릴까 싶어 불공(不空: 텅 비어 있지 않음)과 불유(不有: 있지 않음)를 말하여 셋째 체용구(體用句: 본체와 작용을 아우르는 글귀)로 삼으시니, 이는 부처와 조사가 바꾸지 못할 법이다.

나 항상 강남 삼월 떠올리나니
자고새 우는 곳에 백화가 향기롭네.[2]
常憶江南三月裏, 鷓鴣啼處百花香.

---

1 중생은 자신을 몰라 외물을 좇으므로: 『벽암록』에서 따온 말.

2 나 항상~백화가 향기롭네: 송나라 풍혈 연소의 말로, 『경덕전등록』과 『선문염송』 등에 실려 전한다. 『경덕전등록』에는 "어떻게 하면 통하되 범하지 않습니까?"라는 물음에 대한 답으로, 『인천안목』에는 "사람(마음)과 경계(대상)를 모두 빼앗기지 않는다는 게 무엇입니까?"라는 물음에 대한 답으로 제시되어 있다. 본문과 관련하여 송의 앞 구절은 본체, 뒷 구절은 작용에 대응되는 것으로 보인다. 휴정의 『청허당집』에 실린 「성희 선자」(性熙禪子)에서도 이 말을 인용했다.

해설

체구·용구·체용구 관련 기술은 3구(句)로 이루어진 불교의 게송, 특히 운문종(雲門宗)에서 지침으로 삼은 세 언구(言句)에서 제1구가 본체, 제2구가 작용, 제3구가 본체와 작용 모두에 대응되는 점을 들어 부처의 설법 과정을 풀이한 것으로 이해된다.

"양극단"이란 작용만 중시해서 외물을 좇거나 본체를 추구하다 공적(空寂)에 집착하는 일을 말한다.

139 허망하고 들뜬 마음

중생은 밖을 헤매 상(相)에 집착하고, 안을 헤매 공에 집착한다.[1]
경전에 이런 말씀이 있다.
"중생의 허망하고 들뜬 마음에는 교묘한 견해가 많다."[2]

앞 조목의 뜻을 통틀어 매듭짓고, 가르침을 인용하여 끝맺었다.

해설

본문의 첫 문장에 이어지는 육조 혜능의 말은 다음과 같다.

"'상' 앞에서 '상'을 떠나고 '공' 앞에서 '공'을 떠나면 그 즉시 안팎으로 헤매지 않는다."

허망한 말과 글의 범람 속에서 교묘한 견해를 짓지 않는 일도 벅찬 목표다.

---

1 중생은 밖을～공(空)에 집착한다 : 『육조단경』에 나오는, 혜능의 말.
2 중생의 허망하고～견해가 많다 : 『원각경』에 나오는 말.

14장

할!

140 맑지만 어둡고 깊은 구덩이

선덕이 말했다.

"선학을 하는 사람은 맑디맑아 움직이지 않는 청정한 경계를 취하여 이것을 불법으로 삼지만 큰 착각이다."

또 말했다.

"맑디맑지만 어둡고 깊은 구덩이가 가장 두렵다."[1]

이하에서는 참선하는 사람의 병통을 꾸짖었다.

> 옷소매 스친 바위가 오랜 세월 견고하다고 말하지 말라
> 무생(無生: 불생불멸)에 견주면 찰나에 불과하니.[2]
> 休言拂石能堅久, 若比無生是刹那.

해설

본문 인용에 이어지는 『임제록』 내용은 다음과 같다.

---

1 선학(禪學)을 하는~가장 두렵다: 『임제록』에서 따온 말.

2 옷소매 스친~찰나에 불과하니: 『남명천화상송증도가』에 나오는 말.

"움직이는 것은 바람이고, 움직이지 않는 것은 땅이거늘, 움직이는 것과 움직이지 않는 것 모두 자성(自性)이 없다. 그대들이 만약 움직이는 곳에서 잡으려 하면 움직이지 않는 곳에 있을 것이요, 움직이지 않는 곳에서 잡으려 하면 움직이는 곳에 있을 것이다."

송(頌)의 "옷소매 스친 바위"는 '불석'(拂石)을 옮긴 말인데, 이는 '불석겁'(拂石劫)이라는 장구한 시간 개념과 관련된다. 사방 40리 거대한 바위산에 천상계 사람이 100년에 한 번씩 내려와 가벼운 옷소매를 바위에 스쳤는데 그 바위산이 다 닳아 없어지도록 한 '겁'(劫)이 다하지 않았다는 이야기가 『대지도론』에 보인다. 여기서 유래하여 숫자로 나타낼 수 없는 장구한 시간을 불석겁, 혹은 '반석겁'(盤石劫)이라 한다.

141 참선의 병

선학(禪學)을 하는 사람이 본지풍광(本地風光)을 밝히지 못하면 우뚝 솟은 현묘한 관문을 어디로부터 꿰뚫겠는가? 때때로 '단멸의 공'[1]으로 선(禪)을 삼고, '무기의 공'[2]으로 도를 삼으며, 일체 모든 것이 없다는 생각으로 높은 견해를 삼기도 하는데, 이는 아득히 그릇된 '공'(空)이라 병듦이 깊다. 지금 천하에 선(禪)을 말하는 이들 중 이 병에 걸린 자가 많다.

위로 향하는 유일한 관문에는 발붙일 곳이 없다.[3]

운문[4] 대사가 말했다.

"빛이 뚫고 나가지 못하는 데 두 가지 병이 있고, 법신(法身: 불법, 혹은 불성)을 뚫고 나감에도 두 가지 병이 있으니, 하

---

1 단멸(斷滅)의 공(空): 모든 존재가 텅 비어 아무것도 없으며, 따라서 '인'과 '과'의 이어짐도 있을 수 없는 의식 상태.

2 무기(無記)의 공: 선도 아니고 악도 아니어서 선악의 분별도 없고 선악의 과보도 받지 않음을 추구하다가 아무 생각 없이 '공'에 안주하고 만 상태.

3 위로 향하는~곳이 없다: 반산 보적의 "위로 향하는 유일한 길은 일천 성인도 전하지 못한다", 대혜 종고의 "천 길 벼랑에 삼세제불도 발붙일 곳이 없다"라는 말과 유사하다. 각각 『경덕전등록』과 『오원회등』에 보인다.

4 운문(雲門): 당나라 말 오대(五代)의 선사 운문 문언(文偃, 864~949)을 말한다. 광동성(廣東省) 운문산에서 선풍(仙風)을 크게 일으켜 운문종(雲門宗)의 개창자가 되었다. 수행자들의 물음에 한 글자로 답한 일이 유명한데, 운문 문언의 한 글자 화두를 '일자관'(一字關: 선禪으로 통하는 한 글자 관문)이라 한다.

나하나 뚫고 나가야 비로소 이룬다."[5]

향기로운 풀길을 걷지 않으면
꽃잎 날리는 마을에 이르기 어렵네.
不行芳草路, 難至落花村.

해설

"본지풍광"은 본래면목(本來面目), 자신이 본래부터 지니고 있던, 아무 가식도 없는 본래의 심성, 곧 불성을 말한다.

"단멸의 공"과 "무기의 공"은 모두 '공'(空)에 집착하다가 가지게 된, '공'에 대한 그릇된 견해에 속한다.

"그릇된 공"으로 번역한 '완공'(頑空)은 '공'에 집착하여 정체된 상태, 깨달음에 이르지 못하는 죽은 '공'을 가리키는 말이다.

주해에서 '빛이 뚫고 나가지 못한다'라는 것은 본지풍광, 곧 불성이 번뇌를 뚫고 나가지 못함을 말한다.

---

5 빛이 뚫고~비로소 이룬다: 운문 문언의 『운문록』(雲門錄)에서 따온 말. 해당 내용 전체를 옮기면 다음과 같다. "빛이 뚫고 나가지 못하는 데 두 가지 병이 있다. 모든 곳이 어두운데 눈앞에 어떤 물건이 있는 것이 그 하나다. 일체의 법이 '공'임을 꿰뚫었으나 가물가물 어떤 물건이 있는 듯해서 빛이 뚫고 나가지 못하는 것이 다른 하나다. 법신에도 두 가지 병이 있다. 법신에 이르렀으나 법신에 대한 집착을 잊지 못해서 자기 견해가 아직 남아 있기에 법신의 주변에 머물러 있는 것이 그 하나다. 설령 법신을 꿰뚫더라도 놓아버리면 안 되니, '자세히 점검한들 무슨 기미가 있겠는가?' 하면 이 또한 병이다." 같은 내용이 대혜 종고의 『서장』에도 보인다.

142 종사의 병

종사에게도 병이 많다.
병이 귀와 눈에 있는 자는 눈썹을 찡그리거나 눈을 부릅뜨거나 귀를 기울이거나 머리를 끄덕이는 것으로 선(禪)을 삼는다.
병이 입과 혀에 있는 자는 두서없는 말을 하거나 아무때나 함부로 "할!"(喝)이라 꾸짖는 것으로 선을 삼는다.
병이 손과 발에 있는 자는 앞으로 나아가거나 뒤로 물러서거나 동쪽을 가리키거나 서쪽을 가리키는 것으로 선을 삼는다.
병이 마음에 있는 자는 현묘한 이치를 궁구하거나 망정(妄情)을 넘고 분별하는 견해를 떠나는 것으로 선을 삼는다.
실상을 들어 논하건대 이 병 아님이 없다.[1]

아버지를 죽이고 어머니를 죽인 자는 부처 앞에 참회할 수 있지만,[2] 대반야(궁극의 지혜)를 비방한 자는 참회가 통하지 않는

---

1 종사(宗師)에게도 병이~아님이 없다: 송나라 임제종의 선승 심문(心聞) 담분(曇賁)의 말. 『선림보훈』에 보인다.
2 아버지를 죽이고~수 있지만: 『운문록』과 『벽암록』 등에 보이는 운문 문언의 말에서 따왔다. "타인을 죽이는 것은 자신을 죽이는 것만 못하다"라는 말이 『벽암록』에 보인다.

다.[3]

해설

깨친 줄 알지만 실은 깨치지 못한 선승들의 병을 나열했다.

"할"(喝)은 선사들이 수행자를 꾸짖거나 호통칠 때 내는 큰 고함소리를 말한다.

한문본에는 다음의 송(頌)이 있다.

> 허공에서 그림자 붙잡기도 묘한 일 아니거늘
> 물외에서 자취를 좇는 일이 뭐 그리 대단할까?
> 空中撮影非爲妙, 物外追蹤豈俊機.

3 대반야(大般若)를 비방한~통하지 않는다: 대혜 종고의 『서장』에서 따온 말. "대반야를 비방하고 부처의 혜명(慧明)을 끊은 사람은 일천 부처가 세상에 나와도 참회가 통하지 않는다"라고 했다.

143 성인과 범부를 구별하는 생각

사람이 죽음에 임하여 만약 털끝 하나만큼이라도 범부와 성인을 분별하는 마음을 없애지 못하거나 그런 사념을 잊지 못하면 나귀의 탯속이나 말의 뱃속에 형체를 붙이게 될 것이며, 지옥의 펄펄 끓는 큰 솥에 들어가 볶이다가 예전처럼 다시 개미나 모기가 되고 말 것이다.[1]

백운(白雲)이 말했다.

"설사 털끝 하나만큼의 범부니 성인이니 하는 마음까지 깨끗이 없앴다 해도 나귀나 말의 탯속에 들어감을 면하지 못할 것이다."[2]

해설

백운 수단의 말은 분별하는 마음을 없앴다고 생각하는 것 또한 분

---

1 사람이 죽음에~말 것이다: 당나라의 선승 분주 무업의 말. 『경덕전등록』에 보인다.

2 설사 털끝~못할 것이다: 송나라 임제종의 선승 백운(白雲) 수단(守端, 1025~1072)의 말. 『선문염송』에 실려 있다. 백운 수단은 안휘성 백운산(白雲山)에서 불법을 폈다. 제자 오조 법연이 편한 『백운수단선사어록』(白雲守端禪師語錄)과 『백운수단선사광록』(白雲守端禪師廣錄)이 전한다.

별이라는 뜻으로 이해된다.

한문본에는 다음의 송(頌)이 있다.

> 세찬 불이 활활 타오르는데
> 보검이 문앞에 있네.
> 烈火茫茫, 寶劒當門.

타오르는 번뇌의 불길을 끊어낼 지혜의 금강보검(金剛寶劒)을 노래했다.

144 자유인

사람이 죽음에 임할 때에는 오직 오온[1]이 다 공(空)으로 돌아가 사대(四大)로 이루어진 이 몸에 '나'가 없음을 볼 것이다. 참된 마음[眞心]은 상(相)이 없는지라, 가는 것도 아니고 오는 것도 아니다. 본성은 태어날 때에도 생겨난 적이 없고, 죽을 때에도 떠나는 것이 아니어서 맑고 적멸하니 마음과 경계가 하나다. 오직 이와 같이 단박에 다 깨치면 삼세(三世)에 걸려 얽매이지 않게 되니, 이것이 곧 세상을 벗어난 자유인이다. 부처를 만나도 따라갈 마음을 갖지 말고, 지옥을 보아도 두려운 마음을 갖지 말라. 오직 스스로 무심하면 법계(法界)와 같으리니, 이것이 가장 긴요한 단계다. 그러면 평상시는 '인'(因)이요, 죽음에 임해서는 '과'(果)이니, 도인은 모름지기 유의해서 보아야 한다.[2]

이 두 조목(조목 143과 144)에서는 종사(宗師)가 특별히 무심(無心)으로 도에 합하는 문을 열고, 교(敎)를 배우는 중에 염불

---

1 오온(五蘊): 인간존재를 구성하는 색온(色蘊: 몸의 감각 무더기)·수온(受蘊: 즐거움이나 괴로움 등 느낌의 무더기)·상온(想蘊: 관념의 무더기)·행온(行蘊: 의지나 충동의 무더기)·식온(識蘊: 인식의 무더기)의 다섯 가지 요소.

2 사람이 죽음에~보아야 한다: 황벽 희운의 말로, 『전심법요』에 보인다.

로 살길을 구함을 방편으로 막았다. 그러나 사람마다 근기(根機)가 다르고, 원하는 바 또한 다르니, 바라건대 도를 닦는 사람은 평소에 저마다 방편에 따라 행하여 최후의 찰나에 의심하거나 뉘우치지 말라.

이 좋은 때에 자기 자신을 밝혀라
백년 세월이 한순간에 공이니.[3]
好向此時明自己, 百年光影轉頭空.

해설

"법계"는 모든 분별이 끊어져 있는 그대로의 존재가 드러나는 진리의 세계를 말한다.

주해 중 "최후의 찰나에" 구절은 한글본에 없으나 한문본에 의거해 보충했다.

한문본에는 위의 송(頌) 앞에 다음 시구가 더 있다.

죽음 두려운 노년에야 석가와 친하네.[4]
怕死老年親釋迦.

---

3 이 좋은~한순간에 공(空)이니 : 『남명천화상송증도가』에 나오는 말.

4 죽음 두려운 노년에야 석가와 친하네 : 송나라의 학자 소옹(邵雍, 1011~1077)의 시 「학불음」(學佛吟) 중 "명성 찾던 젊은날 공자님께 투신했거늘/죽음 두려운 노년에야 석가와 친해졌네"(求名少日投宣聖, 怕死老年親釋迦)에서 따온 구절.

145 나는 본래 공(空)

만일 내가 본래 공(空)임을 깨칠 수 있다면 생사의 두려움이 다 그칠 것이다.

[1] 앞의 두 조목(조목 143과 144)을 매듭지었다.

[2] 『반야경』에는 식경에 미혹된 '사상'이 있고,[1] 『원각경』에는 지경에 미혹된 '사상'이 있으니,[2] 거칠고 정밀함은 비록 다르나 생사는 하나다. 참된 나〔眞我〕는 상(相)을 떠났으니, 누가 생사를 받겠는가?

> 봄산 겹겹 푸르러 어지럽고
> 가을물 허허로이 푸르러 넘실거리네.

---

1 『반야경』(般若經)에는 식경(識境)에 미혹된 '사상'(四相)이 있고: 『반야경』은 『금강반야바라밀경』(金剛般若波羅密經), 곧 『금강경』을 말한다. "만일 어떤 보살에게 아상·인상·중생상·수자상이 있다면 보살이 아니다"라는 구절 등 『금강경』의 여러 곳에서 '사상'을 경계하며 '식경사상'(識境四相)이라 칭했다.

2 『원각경』에는 지경(智境)에 미혹된 '사상'이 있으니: 『원각경』에서는 "사상을 명료히 알지 못하면 비록 수많은 겁을 겪으며 괴로이 도를 닦아도 다만 '유위'(有爲)라 할 뿐 결국 성스러운 과보를 이룰 수 없다"라며 사상의 의미를 하나하나 풀이했다.

아득한 천지간에
홀로 서서 어느 끝을 바라보는가?[3]
이 무슨 면목인가
도를 같이해야 알리.[4]

春山亂疊靑, 秋水漾虛碧. 寥寥天地間, 獨立望何極.
是何面目, 同道方知.

해설

주해 ②의 "식경"(識境)과 "지경"(智境)은 모두 인식하고 판단하는 대상세계를 뜻한다.

"사상"(四相), 곧 '네 가지 상'은 아상(我相)·인상(人相)·중생상(衆生相)·수자상(壽者相)의 네 가지 헛된 집착을 말한다.

'아상'은 남과 다른 '나'가 존재한다고 여겨 집착하는 헛된 견해를 말한다.

'인상'은 '남', 곧 '나'의 범위를 넘어선 다른 존재를 구별하여 인식하는 헛된 견해를 말한다.

'중생상'은 깨치지 못한 중생들이 '나'와 '남'을 분별하고 '나'와

---

3 봄산 겹겹~끝을 바라보는가: 설두 중현의 말로, 『오등회원』 등에 전한다. 『오등회원』에는 "가을물"(秋水)이 "봄물"(春水)로 되어 있다. 이 네 구절은 송나라 말의 승려 운수(雲岫)의 「게송 23수」(偈頌二十三首) 등 후대의 게송에 두루 보인다.
4 이 무슨~같이해야 알리: 『금강경』 해설 등에 보이는 "이 무슨 경계(대상)인가? 도를 같이해야 알리라" 구절과 유사하다.

'남'이 미치지 못하는 곳에 깨친 존재가 있다고 생각하는 헛된 견해를 말한다.

'수자상' 혹은 '수명상'(壽命相)은 청정에 이르러 깨침을 얻었다고 믿는 헛된 견해를 말한다.

146 무위를 배워 마음이 비면

조사가 말했다.

> 좌선 않고 계율 안 지켜도
> 묘각(妙覺)의 심주(心珠)가 해처럼 깨끗하네.
> 그 몸이 비고 깊어 아무것도 없으니
> 누가 연등불(然燈佛)에게 수기 받을까?[1]

그러므로 석가의 '팔상'[2]은 성문(聲聞)의 왜곡된 견해이며, 범부의 못난 앎인 줄 알 것이다. 방거사(龐居士)가 말한 "무위(無爲)를 배워 마음이 공(空)하면 깨침에 이르리라"[3]라는 것

---

1 좌선 않고~수기(授記) 받을까: 영명 연수의『종경록』에 나오는 말.

2 팔상(八相): 석가세존이 현세에서 보인 여덟 가지 형상. 몇 가지 이설이 있으나 대략 석가가 도솔천에서 이 세상에 내려오는 '강도솔'(降兜率), 마야 부인의 태에 들어가 오른쪽 옆구리에서 탄생하는, '입태'(入胎)와 '강탄'(降誕), 중생이 겪는 생로병사의 고통을 보고 카필라 성을 나와 고행에 접어드는 '출가'(出家), 마군(魔軍)을 물리쳐 항복시키는 '항마'(降魔), 고행 끝에 35세였던 12월 8일에 보리수 아래서 도를 이루는 '성도'(成道), 석가세존이 녹야원(鹿野苑: 인도 바라나시 북쪽의 사르나트)에서 최초로 설법하는 '전법륜'(轉法輪), 80세에 중인도 쿠시나가라 성 밖의 사라수(沙羅樹) 아래에서 마지막 설법을 마치고 열반에 드는 '입열반'(入涅槃)을 이른다.

3 무위(無爲)를 배워~깨침에 이르리라: 방거사, 곧 당나라의 방온(龐蘊, ?~808)이 마조 도일에게 바친 게송에서 따온 말로,『조당집』(祖堂集) 등에 실려 있다. 방온은 마조 도일의 법을 이었으나 일생을 출가하지 않고 거사로 살며 "동토(東土)의 유마(維摩)"라 불렸다. 게송 전문은 다음과 같다. "시방세계 한자리에 모여/저

이 곧 이 뜻이다.

해는 동쪽에서 뜨고

닭은 오경에 우네.[4]

日從東畔出, 雞向五更啼.

해설

"심주"는 명주(明珠)처럼 깨끗한 마음이니, "묘각의 심주"는 사람의 본심, 곧 불성을 말한다.

"연등불"은 석가세존이 전생에 보살이었을 때 내세에 성불하리라는 수기(授記)를 주었다는 부처로, 보광불(普光佛)·정광불(錠光佛)이라고도 한다.

"수기"는 부처가 수행자에게 미래에 성불할 것이라고 예언하는 일을 말한다.

불법도 부처도 한순간에 이루어지는 것이라고 보는 입장에서는 '팔상'의 순차적인 단계가 부정된다.

마다 무위를 배우네./이곳이 부처를 뽑는 곳이니/마음이 비어야 급제해 돌아가리."(十方同一會, 各各學無爲. 此是選佛處, 心空及第歸.)

4 해는 동쪽에서~오경에 우네: 송나라의 선승 도녕(道寧, ?~1113)의 "날마다 해는 동쪽에서 뜨고/아침마다 닭은 오경에 우네"(日日日從東畔出, 朝朝雞向五更啼)라는 말에서 따왔다. 『가태보등록』(嘉泰普燈錄)과 『오등회원』 등에 전한다.

147 구(句)

선학(禪學)을 하는 사람은 모름지기 '구'(句)를 알아야 옳다.

1 이 하나의 "구"(句) 자가 한 편 책의 큰 뜻을 통틀어 매듭지은 글자다.

이 책은 처음 '어떤 물건'〔一物〕이라는 말에서 시작하여 중간에 '만행'(萬行)에 대하여 말을 베풀고 마지막에 하나의 '구' 자로 끝맺었으니, 유가 경전에 세 가지 이치가 있는 것과 같다.[1]

2 좋은 말이라면 어찌 채찍의 그림자를 기다리겠는가?[2] 선문(禪門)의 최초구(最初句)와 말후구(末後句)가 이로부터 이름을 얻었다.

---

1 유가(儒家) 경전에~것과 같다: 송나라 성리학자 정호(程顥)와 정이(程頤)가 『중용』(中庸)을 두고 "이 책이 처음에는 하나의 이치를 말하고, 중간에 그것을 흩어 만사(萬事)가 되었다가, 끝에 다시 합하여 하나의 이치를 이룬다. 풀어놓으면 우주에 가득하고, 거둬들이면 은밀한 곳에 간직되니, 그 맛이 무궁하다"라고 한 말을 가리킨다.

2 좋은 말〔馬〕이라면~그림자를 기다리겠는가: "세상의 좋은 말은 채찍의 그림자만 보아도 달린다"라는 석가세존의 말에서 따왔다. 『조당집』과 『경덕전등록』 등에 보인다. 좋은 말이 채찍질하기 전에 채찍 그림자만 보고도 달린다는 데서 한 발 더 나아가 최상의 말은 채찍의 그림자를 보기도 전에 달려 나간다고 했다.

해설

"구"는 활구(活句: 살아 있는 말, 곧 화두)를 말한다.

주해 ②의 "최초구"는 만법의 근원을 향해 최초로 깨침을 추구하는 긴요한 말[言]을 뜻하고, "말후구", 곧 '말후일구'(末後一句)는 깨침에 이르러 하는 최후의 한마디 말, 진리를 드러내는 궁극의 말을 뜻한다. 『무문관』에 다음의 송(頌)이 있다.

최초구를 안다면
말후구도 알리.
하지만 말후구도 최초구도
이 한마디 궁극의 말은 아니지.

識得最初句, 便會末後句. 末後與最初, 不是者一句.

'말후일구', "이 한마디 궁극의 말"은 휴정이 『선가귀감』 서문에서 말한 "문자로부터 벗어난 한마디 말"에 대응된다.

148 안 가르쳐 주신 게 소중하네

본분종사(本分宗師)가 이 구(句: 화두)의 의미를 온전히 들어 밝힌 것은 마치 나무 인형이 노래하며 손뼉 치는 일과 같고, 뜨거운 화로에 눈송이가 떨어지는 것과 같으며, 부싯불과 번갯불이 번쩍이는 것과 같아서 배우는 사람이 미리 헤아려 짐작할 수 없다.
그러므로 옛사람은 스승의 은혜를 알아 이렇게 말했다.
"나는 돌아가신 스승의 도와 덕을 소중히 여기지 않는다. 오직 스승께서 나를 위해 설파하지 않으신 것을 소중히 여길 뿐이다."[1]
이 또한 선가(禪家)의 법에 들어맞는 말씀이다.

화살이 강물의 달그림자를 꿰뚫으니

---

1 나는 돌아가신~여길 뿐이다: 동산 양개의 말이다. 동산 양개가 스승 운암(雲巖) 담성(曇晟, 781~841)의 재를 지내자 한 승려가 양개에게 스승으로부터 무엇을 배웠냐고 물었다. 양개가 가르침 받은 것이 없다고 하자 승려는 "가르침 받은 것이 없는데 왜 스승을 위해 재를 지냅니까?"라고 물었다. 양개는 이에 "나는 스승의 도와 덕을 소중히 여기지 않고, 그 불법을 위하지도 않는다. 오직 스승께서 나를 위해 설파하지 않으신 것을 소중히 여길 뿐이다"라고 대답했다. 이 문답은 『경덕전등록』과 『서장』 등에 전한다.

독수리를 쏘아 맞힌 사람이로구나.[2]

箭穿江月影, 須是射鵰人.

해설

"본분종사"는 본래면목을 깨친, 큰스님을 말한다.

"나무 인형이 노래하며 손뼉 치는 일"은 허망함, 혹은 허깨비 같은 일의 비유이고, 그 이하 구절의 "눈송이"와 "불"은 찰나의 순간에 사라짐의 비유다. 휴정의 시 「임종게」(臨終偈)에 "천만 가지 헤아리는 생각이/뜨거운 화로에 떨어지는 눈 한 송이일 뿐"(千計萬思量, 紅爐一點雪) 구절이 보인다.

"미리 헤아려 짐작할 수 없다"라는 것은 직접 체득하지 않으면 알 수 없다는 뜻이다.

한문본에는 다음의 주해가 있다.

"말하지 말라, 말하지 말라! 글로 남을까 두렵다."(不道不道! 恐上紙墨.)

2 화살이 강물의~맞힌 사람이로구나: 송나라의 선승 죽암 사규의 게송에서 따온 말. 『동림화상 운문암주 송고』(東林和尙雲門庵主頌古)와 『선문염송』 등에 실려 있는데, 이 책들에는 "강물의 달그림자"가 "붉은 해 그림자"(紅日影)로 되어 있다. "독수리를 쏘아 맞힌 사람"은 본래면목을 깨친 사람을 뜻한다.

149 할!

배우는 사람은 먼저 종파(宗派)를 자세히 분변해야 한다. 옛날 마조(馬祖)가 한 번 "할!" 하고 소리치자 백장(百丈)은 귀가 먹고, 황벽(黃蘗)은 혀를 내둘렀다. 이 하나의 "할!"이 곧 부처께서 염화(拈花: 염화시중拈花示衆)하신 소식이고, 달마가 처음 오신 면목이니, 아아! 이것이 임제종(臨濟宗)의 연원이다.

마디 없는 지팡이 하나
밤길 가는 사람에게 정다이 주네.[1]
杖子一枝無節目, 慇懃分付夜行人.

옛날 마조의 "할!" 외침 한 번에 백장은 대기(大機: 우주의 큰 기틀, 곧 궁극의 진리)를 얻고, 황벽은 대용(大用: 진리의 자유자재한 작용)을 얻었다. 이 일은 『전등록』에 보인다.

무릇 조사의 종파가 다섯이니, 임제종·조동종(曹洞宗)·운문종(雲門宗)·위앙종(潙仰宗)·법안종(法眼宗)이다.

---

1 마디 없는~정다이 주네: 『남명천화상송증도가』에 나오는 말. "마디 없는 지팡이"는 조사들이 전승해 온 불법을 비유한 말이다.

당나라의 선사 마조 도일이 좌선을 통해 부처가 되겠다고 했다. 그러자 스승 남악 회양이 그것은 벽돌을 갈아 거울을 만들려는 일과 같다며 가만히 앉아 있는 것이 아니라 집착을 버리는 것이 선이라고 했다. 마조는 이에 깨달음을 얻어 "마음이 곧 부처다"(卽心是佛)라는 말로 불법을 폈다.

"백장"은 백장산(百丈山)에 머문 당나라의 선사 백장 회해를 말한다. 물오리의 울음소리에 집착하다가 스승 마조의 일갈에 깨침을 얻었다. "하루 일하지 않으면 하루 먹지 않는다"(一日不作, 一日不食)라는 규율을 세워 평생 노동하며 수행했다.

"황벽"은 황벽 희운을 말한다. 백장 회해의 제자로 그 법통을 이어 임제(臨濟)에게 전했다. 제자들에게 봉할법(棒喝法: 몽둥이로 때리거나 고함을 쳐서 경계하는 방편)을 쓴 것으로 유명하다.

스승 백장이 마조의 "할!" 소리에 사흘 동안 귀가 멀고 눈이 보이지 않았다는 말을 하자 황벽이 저도 모르게 혀를 내둘렀다고 하는 이야기가 『경덕전등록』 등에 전한다.

○ 이 조목 뒤에 임제종 이하 다섯 종파의 계보와 가풍(家風), 임제종의 종지(宗旨)를 논한 주해가 길게 이어지나 이 책에서는 생략한다. 그중 휴정이 정리한 다섯 종파의 핵심 내용만 아래에 간략히 옮긴다. 다섯 종파의 가풍에 대한 서술은 『인천안목』[2]의 요약

2 『인천안목』(人天眼目): 송나라 임제종의 선승 회암(晦巖) 지소(智昭)가 불교 다섯

발췌에 해당한다.

임제종은 육조 혜능 이하 불법을 전한 직계(直系) 종파다. 남악 회양, 마조 도일, 백장 회해, 황벽 희운을 거쳐 임제종을 개창한 임제 의현에 이르렀고, 이후 풍혈 연소, 백운 수단, 오조 법연, 원오 극근, 대혜 종고 등의 고승이 이어졌다.

임제종의 가풍은 "맨손에 든 칼 하나로 부처도 죽이고 조사도 죽인다", "금강보검(金剛寶劒)을 들고 죽목정령(竹木精靈: 대나무에 붙어사는 정령, 곧 사람을 미혹하는 존재)을 쓸어버리며, 사자의 온전한 위엄을 떨쳐 여우와 이리의 간담을 찢는다", "푸른 하늘에 우르릉 쾅 벼락이 치고 평평한 땅에 거센 파도가 일어난다" 등의 말로 설명되었다.

조동종은 육조 혜능 아래에서 갈라진 방계(傍系) 종파다. 청원(青原) 행사(行思, 671~740), 석두(石頭) 희천(希遷, 700~790), 약산(藥山) 유엄(惟儼, 751~834), 운암 담성, 동산 양개, 조산 본적 등이 조동종을 대표하는 선사들이다.

조동종의 가풍은 "방편으로 오위[3]를 열어 상중하 세 가지 근

종파의 기본 사상과 사적, 주요 선승들의 어록과 게송을 정리한 책으로, 1188년에 간행되었다. 우리나라에서는 1357년(고려 공민왕 6)에 간행한 데 이어 1395년(태조 4) 무학(無學) 자초(自超, 1327~1405), 곧 무학대사가 재간행했다.

3 오위(五位): 조동오위(曹洞五位). 동산 양개가 수행하는 사람의 마음 상태를 다섯 가지로 나누어 제시한 것. 정(正: 바름, 균형, 평등)과 편(偏: 치우침, 차별)을 기준으로 삼아 정중편(正中偏: 올바른 본체가 치우친 대상과 마주함), 편중정(偏中正: 치우친 대상이 올바른 본체와 마주함), 정중래(正中來: 올바른 본체가 치우친

기의 중생마다 잘 대처하고, 보검을 힘껏 뽑아 번뇌의 숲을 베어 버린다", "부처와 조사가 태어나기 전 아득히 먼 시공간의 밖에서 '바름〔正〕과 치우침〔偏〕'의 구별이 '있음과 없음'의 분별로 떨어지지 않는다" 등의 말로 설명되었다.

운문종은 마조 도일로부터 갈라져 나온 방계 종파다. 덕산(德山) 선감(宣鑑, 782~865), 설봉(雪峯) 의존(義存, 822~908), 운문 문언, 설두 중현 등이 운문종을 대표하는 선사들이다.

운문종의 가풍은 "칼끝에 길이 있고, 철벽에는 뚫고 나갈 문이 없다", "번갯불처럼 빨라 생각으로 미칠 수 없으니, 타오르는 화염 속에 어찌 머물 수 있겠는가?" 등의 말로 설명되었다.

위앙종은 백장 회해로부터 갈라져 나온 방계 종파로, 위산(潙山) 영우와 앙산(仰山) 혜적이 그 개창자다. 곽산(霍山) 경통(景通), 무착(無著) 문희(文喜, 820~899) 등이 위앙종을 대표하는 선사들이다.

위앙종의 가풍은 "스승이 부르면 제자가 화답하고, 아버지와 아들이 한집에 산다", "부서진 비석이 옛 길에 널브러져 있고, 무쇠소가 작은 집에서 잠을 잔다" 등의 말로 설명되었다.

법안종은 설봉 의존으로부터 갈라져 나온 방계 종파다. 법안(法眼) 문익(文益, 885~958)이 그 개창자이고, 천태(天台) 덕소(德

대상이나 현상에 응함), 편중지(偏中至: 치우친 대상이나 현상이 올바른 본체를 지향하여 조화를 이룸), 겸중도(兼中到: 올바름과 치우침, 응하고 조화를 이룸이 모두 어우러져 자유자재한 경지)의 다섯으로 나누었다.

韶, 891~972), 영명 연수 등이 그 뒤를 이었다.

법안종의 가풍은 "말 속에 메아리가 있고, 글 속에 칼이 감춰져 있다", "바람 부는 나뭇가지와 달빛 어린 물가가 참된 마음을 드러내고, 푸른 대와 노란 꽃이 오묘한 법을 밝힌다" 등의 말로 설명되었다.

150 임제의 "할!"과 덕산의 몽둥이

임제의 "할!"과 덕산(德山)의 몽둥이는 모두 무생(無生: 생성도 소멸도 없는 불생불멸)을 철저히 체득하여 머리부터 발끝까지 꿰뚫은 데서 나온 것이다. 이 두 스승은 대기(大機)와 대용(大用)이 자유자재하여 정해진 방향 없이 온몸이 들고나며 온몸으로 세상의 짐을 메고 졌으되, 물러나 문수보살과 보현보살[1]과 같은 대인(大人)의 경지를 지켰다.

그러나 사실을 들어 따진다면 두 스승도 마음을 도둑질하는 귀신 됨을 면하지 못했다.

"대기"는 원만하게 응한다[圓應: 두루 응하여 변화함]는 뜻이고, "대용"은 곧장 근원에 이른다[直截: 곧장 붙잡음]는 뜻이다.

> 번뇌의 바닷속에 비와 이슬을 만들고
> 무명의 산 위에 구름과 우레를 만드네.[2]

---

1 문수보살과 보현보살: 조목 44에서 문수보살은 본래 모습인 부처의 천진함을 지혜로 통달했고, 보현보살은 세상의 온갖 연기(緣起)를 보살행으로 밝힌바, 문수보살의 지혜로 돈오하고, 보현보살의 자비심 깊은 보살행으로 점수해야 한다고 했다.

2 번뇌의 바닷속에~우레를 만드네: 당나라 말의 선승 동안(同安) 상찰(常察, ?~961)의 『십현담』(十玄談)에 나오는 구절. 『십현담』은 조동종의 오위(五位) 개

煩惱海中爲雨露, 無明山上作雲雷.

해설

"덕산의 몽둥이", 곧 '덕산봉'(德山棒)은 당나라 운문종의 선사 덕산 선감이 수행자들을 몽둥이로 후려쳐 번뜩 깨닫게 하는 방법을 잘 썼다는 데서 온 말이다. 덕산 선감이 "화두를 묻는 자에게 몽둥이 30방을 내려치겠다"라고 했다거나 "말해 보라! 말하면 몽둥이 30방이요, 말하지 못해도 몽둥이 30방이다"라고 했다는 일화가 『임제록』과 『벽암록』에 보인다.

"마음을 도둑질하는 귀신 됨을 면하지 못했다"라는 말은 다음 조목의 본문과 관련지어 볼 때 임제와 덕산 또한 수행자들에게 집착의 대상이 되었다는 뜻에서 한 말이다.

한문본에는 한글본과 달리 다음의 주해와 송이 있다.

늠름해라 깃털마저 자르는 그 칼,[3] 날카로워 범할 수 없네.

념을 확대하여 10개의 주제를 제시하고 각각의 주제마다 7언 8구의 게송을 수록한 책이다.

3 깃털마저 자르는 그 칼: 원문의 "취모"(吹毛), 곧 취모검(吹毛劍)을 옮긴 말로, 번뇌와 망상을 끊는 '반야'(궁극의 지혜)를 비유한다. 휴정이 사제(師弟)인 부휴(浮休) 선수(善修, 1543~1615)에게 준 시 「선수 선자에게 답하다」(賽善修禪子)에 "취모검 번뜩이거늘/입술로 날카로운 칼날 범하네"(吹毛光爍爍, 唇吻犯鋒鋩) 구절이 있다.

번뜩이는 찬 빛 구슬이 맑은 물에 담겼고

적막히 구름 흩어진 하늘에 달이 떠가네.

爍爍寒光珠媚水, 寥寥雲散月行天.

151 부처를 원수 보듯

대장부는 부처와 조사 보기를 원수 보듯 해야 한다. 만약 부처에 집착해서 구하면 부처에게 붙잡혀 얽매이고, 조사에 집착해서 구하면 조사에게 붙잡혀 얽매일 것이다. 무엇이든 구하는 것이 있으면 모두 고통이니, 아무것도 일삼지 않음(無事: 무위無爲)만 못하다.[1]

1 이 조목은 이 책의 첫머리에서 "부처와 조사가 세상에 나온 것은 바람 없는 바다에 물결을 일으킴이다"(조목 2)라고 한 말을 멀리서 매듭지은 것이니, 앞뒤가 조응하며 처음과 끝이 일관되었다고 이를 만하다.

'무엇이든 구하는 것이 있으면 모두 고통이다'라는 말은 앞에서 "본모습 그대로가 바로 이것"(조목 4)이라고 한 말을 매듭지은 것이고, '아무것도 일삼지 않음만 못하다'라는 말은 앞에서 "생각을 움직이면 그 즉시 본모습과 어긋날 것이다"(조목 4)라고 한 말을 매듭지은 것이다.

---

1 대장부는 부처와~않음만 못하다:『임제록』에서 따온 말.『유마경』에도 이와 유사한 다음 구절이 보인다. "법을 구하는 사람은 부처에게 집착하여 구하지 말고, 불법에 집착하여 구하지 말며, 승려에 집착하여 구하지 말아야 합니다."

2 세상에 나온 부처와 조사는 난세의 영웅이자 태평성대의 간사한 도적이다. 그러므로 단하(丹霞)는 목불(木佛)을 태웠고, 늙은 여종은 부처 보기를 원하지 않았으며, 운문(雲門)은 부처를 때려죽여 개에게 뜯어먹게 하겠다고 했으니, 모두 사도(邪道)를 꺾고 정도(正道)를 드러내기 위한 수단이다. 하지만 필경 무슨 기특함이 있단 말인가?

> 동산에 구름 이니 서산이 희고
> 앞산에 꽃이 피니 뒷산이 붉네.[2]
> 東嶺雲生西嶺白, 前山花發後山紅.

해설

주해 2의 "단하는 목불을 태웠고" 구절은 『경덕전등록』 등에 실려 전하는 다음의 일화를 말한다. 당나라의 선사 단하 천연(天然, 739~824)이 낙양의 혜림사(慧林寺)에 머물던 어느 겨울날에 목불을 땔감으로 써서 불을 지폈다. 누군가 단하를 꾸짖자 단하는 "목불을 태워 사리를 얻으려 하오"라고 했다. 꾸짖던 이가 목불에 무슨 사리가 있느냐고 하자 단하는 "그렇다면 나를 왜 꾸짖소?"라고 말했다.

"늙은 여종은 부처 보기를 원하지 않았으며" 구절은 『관불삼

2 동산에 구름~뒷산이 붉네 : 『남명천화상송증도가』에 나오는 구절.

매해경』(觀佛三昧海經)에 보이는 다음 이야기를 말한다. 왕사성(王舍城: 북인도 마가다 왕국의 수도 라즈기르Rajgir) 동쪽에 비지라(毗胝羅)라는 늙은 여종이 살았는데, 주인이 석가세존을 청해 공양을 올리자 여종은 탐심이 있어 부처와 승려를 꺼리던 터라 부처라는 이름도 듣지 않겠다고 했다. 여종이 문득 부처를 보자마자 깜짝 놀라 즉시 개구멍으로 빠져나갔더니 사방의 문이 닫히고 정문만 열렸다. 즉시 부채로 자기 얼굴을 가렸더니 부처가 앞에 나타나면서 부채가 투명한 유리처럼 바뀌어 그 모습을 가리지 못했다. 머리를 동쪽으로 돌리면 동쪽에 부처가 있고 남쪽, 서쪽, 북쪽, 위아래로 돌려도 모두 부처가 보여서 두 손으로 얼굴을 가렸더니 열 손가락마다 부처가 나타났다.

『선문염송』에서는 이 이야기를 인용하며 '왕사성 동쪽에 사는 늙은 여종'을 "성 동쪽의 노모(老母)"라고 칭했다. 설두 중현은 이 이야기를 듣고 부처 보기를 원하지 않은 이 노파에게 완연히 장부의 기상이 있다고 했다.

"부처를 때려 죽여 개에게 뜯어먹게 하겠다"는 구절은 『운문록』과 『벽암록』 등에 보이는, 운문 문언의 말에서 따왔다. 석가세존이 이 세상에 태어나 한 손으로는 하늘을, 다른 한 손으로는 땅을 가리키며 일곱 걸음을 걷고 사방을 돌아보며 "천상천하(天上天下) 유아독존(唯我獨尊)"이라고 말했다는 데 대해 운문은 이렇게 말했다.

"내가 그때 봤더라면 한 몽둥이로 때려죽여서 개에게 뜯어먹게 했을 것이다. 천하태평을 도모하는 것이 귀하기 때문이다."

152 신령한 빛

선덕이 말했다.

"신광(신령한 빛)이 어둡지 않아 만고에 빛나니, 이 문에 들어오는 이는 앎〔知解〕을 두지 말라."[1]

[1] 상편에서는 "환"(幻) 한 글자로 끝맺고,[2] 여기(하편의 마무리)에 이르러서는 "지해"(知解: 앎, 곧 분별하는 마음) 두 글자로 끝맺으니, 책 한 권 전체의 갈등(葛藤: 복잡한 얽힘)을 한 구절로 모두 깨뜨렸다.

[2] '신광이 어둡지 않다'라는 말은 앞에서 "밝디 밝고 신령스럽고도 신령스럽다"(조목 1)라고 한 말을 매듭지은 것이고, '만고에 빛난다'라는 말은 앞에서 "태어난 적도 없고 사라진 적도 없다"(조목 1)라고 한 말을 매듭지은 것이며, "앎을 두지 말라"는 말은 "이름에 집착해서 앎을 만들어내는 것은 옳지 않다"(조목

1 신광(神光)이 어둡지~두지 말라: 당나라의 선사 평전(平田) 보안(普岸, 770~843)의 말로, 『경덕전등록』과 『서장』 등에 전한다. 평전 보안은 백장 회해의 제자로, 천태산(天台山) 평전사(平田寺)에 머물렀다.

2 상편(上篇)에서는 "환"(幻) 한 글자로 끝맺고: "이 모두가 '환' 아닌 것이 없다"〔無非幻〕라고 한, 조목 64의 마지막 구절을 말한다. 본서의 6장까지가 상편, 7장 이하가 하편(下篇)에 해당한다.

4)라고 한 말을 매듭지은 것이다.

3 "문"이라는 것은 범부와 성인이 드나든다는 뜻이 있으니, 하택(荷澤)이 이른바 "'알 지(知)' 한 글자가 온갖 현묘한 도리의 문"[3]이라고 했던 것과 같은 문이다.

"지해"라는 것은 식해(識解: 분별하는 앎)이니, 옛말에 이런 것이 있다.

"금가루가 아무리 귀해도 눈에 들어가면 장애가 될 뿐이다."[4]

또 이런 말이 있다.

"'지해'로 알지 말고, '식해'로 알지 말라."[5]

이토록 구구한 말로 종지(宗旨)를 밝혔으니
서쪽에서 오신, 눈 푸른 스님이 비웃겠네.[6]
如斯擧唱明宗旨, 笑殺西來碧眼僧.

---

3 '알 지(知)'~도리의 문: 하택 신회의 말로, 『선원제전집도서』에 보인다. 한문본에서는 이 구절에 대해 다음의 주해를 달았다. "'지해' 두 글자는 불법의 큰 해악이므로 특별히 들어 글을 마쳤으니, 하택 신회 선사가 조계(曹溪: 육조 혜능)의 적통이 되지 못한 것이 이 때문이다."

4 금가루가 아무리~될 뿐이다: 하북성 성덕부(成德府)의 지방장관을 지내던 왕상시(王常侍)가 임제 의현과 문답하며 한 말로, 『임제록』에 보인다.

5 '지해'로 알지~알지 말라: 『유마경』에서 유마힐이 적멸에 대해 "지혜(智)로 알 수 있는 것도 아니고, 인식(識)으로 알 수 있는 것도 아니다"라고 한 말에서 따왔다.

6 이토록 구구한~스님이 비웃겠네: 『남명천화상송증도가』에 나오는 구절. "서쪽에서 오신, 눈 푸른 스님"은 달마를 가리킨다.

해설

일체의 분별을 다 놓고 집착에서 벗어나 자기 안의 신령한 빛을 꿰뚫어 보라는 말로 한 권의 책을 마무리했다. 휴정은 「태상 선자」(太常禪子) 시에서 "누가 수풀 깊은 절까지 찾아와/이미 가진 마음을 어찌 찾느냐 묻는지?"(誰向草深院, 將心問覓心)라고 했다.

한문본에는 한글본의 송이 없는 대신 『임제록』에 보이는 다음의 송을 붙였다.

> 외로운 달 홀로 밝고 강산 고요한데
> 내 웃음소리 하나 천지를 놀라게 하네.
> 孤輪獨照江山靜, 自笑一聲天地驚.

이 송은 휴정의 『청허당집』에 실린 「인휘 선자에게 주다」(贈印徽禪子)와 「성종 선자」(性宗禪子)에서도 거듭 인용했다.

해설

1

『선가귀감』은 서산대사(西山大師) 휴정(休靜, 1520~1604)이 선불교의 지침이 되는 글을 뽑고 주해(注解)를 달아 편찬한 책이다. 1564년(명종 19) 금강산 백화암(白華庵)에서 한문으로 쓴 서문이 1579년(선조 12) 간행본에 전하는바, 최초 편찬 시기는 1564년으로 추정된다. 휴정이 1564년경 한문으로 지은 최초의 『선가귀감』은 현재 전하지 않는다. 5년 뒤인 1569년(선조 2) 금화도인(金華道人)이라는 호를 쓰는 승려가 이 책을 한글로 번역해서 묘향산 보현사(普賢寺)에서 간행했다. '금화도인'은 휴정의 제자 의천(義天)으로 추정된다. 휴정의 문집에 의천에게 준 시 3수가 실려 있다. 1569년의 한글본이 현재 전하는 『선가귀감』 한문본과 한글본을 통틀어 가장 이른 시기에 간행된 책이다. 한글본은 1610년(광해군 2) 순천 송광사(松廣寺)에서 재간행되어 널리 읽혔다.

휴정이 처음 이 책을 한문으로 썼다고 했으나 현재 전하는 가장 이른 시기의 한문본은 휴정이 1564년에 편찬한 책이 아니라 1579년에 사명당(四溟堂) 유정(惟政, 1544~1610)과 의천 등이 교정하고 유정이 발문을 써서 출판한 이른바 '묘향산 간행본'이다. 1579년에 간행된 한문본은 휴정의 최초 저술과 크게 달라져 최초 저술에 있던 58개 조목이 삭제되고 일부 구절이 첨삭되면서 편차(編次)도 일부 수정되었다. 1579년 간행본의 수정이 온전히 휴정 자신에 의한 것인지 확실치 않으나 휴정 생존 시기에 출판된 것이므로 이쪽을 완성본, 혹은 정본(定本)으로 삼아야 한다는 것이 온당한 판단일 터이다. 현재 쉽게 구해 볼 수 있는 『선가귀감』의 대다수도 1579년 간행 한문본의 번역이다. 그러나 역자는 한글본이 휴정의 최초 저술 형태를 충실하게 간직하면서 의미 맥락을 파악하기 용이한 측면이 있고, 1579년 간행 한문본에 비해 훨씬 많은 조목을 포함하고 있으며, 후대에 생략되어 한글본에서만 볼 수 있는 조목의 본문과 주해 중에 오히려 불교 초심자의 이해를 돕는 내용이 많다고 보았다. 이에 1569년에 간행된 한글본을 1610년 복각하여 재간행한 송광사본(松廣寺本)을 저본으로 삼고, 필요한 경우 1579년 간행 한문본에 추가된 주해와 송(頌)을 함께 제시해서 두 본의 장점을 아우르고자 했다.

2

휴정은 16세기 조선 불교를 대표하는 고승이다. 속명은 최여신(崔汝信)이고, 본관은 완산, 아명은 운학(雲鶴), 자(字)는 현응(玄應), 호는 청허당(淸虛堂), 백화도인(白華道人), 서산(西山)이다. '휴정'은 그 법명이다. '청허당'은 30대에 머물던 지리산 내은적암(內隱寂庵)의 거처 이름이고, '백화도인'은 40대에 금강산 백화암에 머물며 쓰던 호이며, '서산'은 40대 후반 이후 입적할 때까지 주로 머물렀던 묘향산을 가리킨다. 주요 저술로 『선가귀감』 외에 시문집인 『청허당집』(淸虛堂集)이 전한다.

휴정의 생애는 50세 되던 1569년 무렵에 쓴 「완산 노부윤에게 올린 편지」(上完山盧府尹書), 1558년에 쓴 「자락가」(自樂歌)를 비롯한 몇몇 시문, 제자 편양(鞭羊) 언기(彦機, 1581~1644)가 쓴 「청허당 행장」(淸虛堂行狀), 당대를 대표하는 문장가 계곡(谿谷) 장유(張維, 1587~1638)가 1631년(인조 8)에 쓴 「청허당 대사 비명」(淸虛堂大師碑銘)을 통해 대략 파악할 수 있다. 특히 「완산 노부윤에게 올린 편지」는 휴정 자신이 50세 무렵까지의 일생을 회고한 글이어서 중요한 자료다. 기존의 번역과 연구에서는 '완산 노부윤'을 소재(蘇齋) 노수신(盧守愼, 1515~1590)으로 본 경우가 많았는데, '완산 노부윤'은 옥계(玉溪) 노진(盧禛, 1518~1578)이다. 노진은 1567년부터 1570년까지 전주 부윤을 지냈다.

휴정은 1520년(중종 15) 평안도 안주에서 최세창(崔世昌, 1474~?)과 한남(漢南) 김씨(1474~?)의 4남 1녀 중 막내로 태어났다. 「완산 노부윤에게 올린 편지」에서 휴정은 부모 모두 본래 경기도 창화(昌化: 양주楊州)에 살던 사대부가 사람이었으나 외조부 김우(金禹)가 연산군(燕山君) 때 죄를 받아 온 가족이 안주로 옮겨 가 정착하게 되었다고 했다. 시와 술을 좋아하던 부친과 조용한 성품의 모친은 47세에 본 늦둥이를 늘그막에 얻은 장중보옥에 비유하며 하늘이 내린 선물이라 여겼다.

휴정은 아홉 살 때인 1528년에 모친을, 이듬해인 1529년 봄에 부친을 여의면서 의지할 곳을 잃었다. 그해 겨울에 안주 목사 이사증(李思曾)이 휴정이 재주 있다는 소문을 듣고 불러 글재주를 시험했다. 이사증은 시에 능한 무관(武官)으로 유명했던 인물이다. 휴정의 회고에 의하면 이사증은 자신이 분부하는 대로 즉석에서 훌륭한 시구를 짓는 휴정의 손을 잡고 "내 아이로다!"라고 했다. 휴정은 이후 이사증과 함께 서울로 가서 반궁(泮宮)의 명부에 이름을 올렸다고 했다. '반궁'은 성균관을 가리키는데, 휴정이 당시 열한두 살쯤의 아동임을 감안할 때 성균관의 부속학교 격인 사부학당(四部學堂)에 입학했던 것이 아닐까 한다. 10세 이상의 아동이 사부학당에 입학하고, 15세가 되면 그중 성적이 우수한 사람을 성균관에 입학시키는 것이 당시의 일반적인 규례였다.

과거 공부에 열중하던 휴정은 열다섯 살 되던 1534년에 불가의 길을 걷게 되었다. 과거에 낙방하고 동학 몇 사람과 지리산 유람에 나선 것이 계기가 되었다. 사부학당의 성적 우수자에게는 곧바로 생원시와 진사시 응시 자격을 주었으니, 휴정은 이 경우에 해당했던 것이 아닐까 한다. 반년 동안 지리산 일대를 여행하다가 만난 승려 숭인(崇仁)이 휴정의 일생을 바꿨다. 휴정은 숭인에게 『화엄경』(華嚴經)·『원각경』(圓覺經)·『능엄경』(楞嚴經) 등의 불경과 『전등록』(傳燈錄) 등 수십 권의 책을 받아 읽었다. 숭인은 휴정을 당대의 고승인 부용당(芙蓉堂) 영관(靈觀, 1485~1571)에게 보내 가르침을 받게 했다.

휴정은 스물한 살 때인 1540년(중종 35) 선승 일선(一禪, 1488~1568)에게 계(戒)를 받고 승려가 되었다. 스승 숭인과 영관이 각각 양육사(養育師)와 전법사(傳法師)로서 휴정의 수행을 도왔다. 이후 10여 년을 지리산·오대산·금강산의 여러 암자에서 수행하며 명성이 높아져 30세부터 32세 사이에 「지리산 쌍계사 중창기」(智異山雙谿寺重創記), 「선교게어」(禪敎偈語), 「금강산 장안사의 새 종에 새긴 명」(金剛山長安寺新鑄鍾銘)을 썼다.

휴정의 일생에서 또 하나의 중요한 사건은 33세 되던 해인 1552년(명종 7)의 승과(僧科) 합격이다. 승과는 고려 시대부터 3년마다 한 번씩 시행되어 조선으로 이어졌는데, 억불숭유(抑佛崇儒) 정책이 강화되면서 연산군 때 폐지되었다. 조선 초에 불교 종파(宗派)가 11종(宗)이던 것이 세종 때 선종(禪宗)과 교종(敎宗)의 둘로 병합되고, 태종(太宗) 때 이미 전국 242개로 제한되었던 사찰이 다시 세종 때 36개만 승인 받아 겨우 명맥을 이어가던 상황이었는데, 중종(中宗)은 승과의 완전한 폐지를 공식화함은 물론 선종과 교종 종단을 모두 없애고 일체의 승려를 불허하는 극단적인 억불 정책을 폈다.

1545년 명종(明宗)이 열두 살 나이로 즉위하고 불심이 깊던 문정왕후(文定王后, 1501~1565)가 8년 동안 수렴청정하면서 새로운 분위기가 조성됐다. 문정왕후는 보우(普雨, 1509~1565)를 봉은사(奉恩寺) 주지로 임명해 불교 부흥을 도모하며 1550년(명종 5)에 선종과 교종의 양종(兩宗)을 되살렸다. 이듬해에는 보우와 수진(守眞)을 각각 판선종사(判禪宗事)와 판교종사(判敎宗事)로 삼아 선종과 교종의 승려를 대표하게 하는 한편 승과의 예비시험인 종선(宗選)을 시행하고, 그 이듬해인 1552년에 선종 21인, 교종 12인, 총 33인을 뽑는 승과를 시행했다. 조정 신하들과 성균관 유생들의 강력한 반대가 있었으나 문정왕후의 단호한 결정을 뒤집을 수는 없었다. 조선의 불교는 이렇게 중흥기를 맞은 듯했으나 그 흐름이 오래 이어지지 못했다. 1565년(명종 20) 문정왕후가 별세하면서 보우는 제주도로 유배되어 목숨을 잃었으며, 이듬해인 1566년 다시 승과가 폐지되고 선종과 교종 종단이 모두 폐지되면서 중종 때의 상황으로 되돌아갔다.

휴정은 문정대비에 의해 다시 시행된 승과의 첫 합격자이다. 3년 뒤인 1555년(명종 10) 여름에는 36세의 나이로 교종을 관장하는 판교종사가 되고, 가을에 선종을 관장하는 판선종사까지 겸임했으니, 조선 불교의 대표자 자리에 오른 셈이었다. 2년 뒤 사직을 청했으나 뜻을 이루지 못하다가 1557년 겨울에야 사직을 허락받고 금강산으로 떠났다. 이듬해인 1558년에 지리산으로 가서 내은적암(內隱寂庵)에서 3년, 칠불암(七佛庵) 등에서 3년 머물렀다. 1564년(명종 19) 45세의 나이로 금강산 백화암(白華庵)에 머물며 『선가귀감』의 서문을 썼고, 이후 태백산·오대산·금강산을 오가다가 묘향산에 주로 머물며 1천여 명의 제자를 길렀다.

돌이켜보면 문정왕후가 선종과 교종을 되살린 1550년부터 문정왕후가 별세한 1565년까지의 15년이 조선 불교가 일시적으로 다시 일어난 시기였다. 휴정은 복원된 승과의 첫 합격자로서 곧이어 선종과 교종을 아울러 관장하는 대표 승려가 되었고, 그 막바지 시기인 1564년 『선가귀감』을 완성했으니, 휴정이야말로 이 시기 조선 불교의 주역이었고 『선가귀감』은 그 시대를 결산하며 선불교 부흥의 염원을 담아 만든 뜻깊은 책이라 할 수 있다.

3

휴정의 생애에서 중요한 역사적 사건이 둘 있는데, 두 사건 모두 선조(宣祖)와의 만남으로 이어졌다. 하나는 1589년(선조 22)에 일어난 이른바 '정여립(鄭汝立, 1546~1589) 모반 사건'이다. 정여립은 선조 때의 문신으로, 1570년 문과에 급제하여 예조좌랑, 수찬 등의 벼슬을 지냈다. 1585년(선조 18) 4월 동인(東人)과 서인(西人)의 당쟁이 격화되던 중에 정여립이 경연(經筵)에서 율곡(栗谷) 이이(李珥), 우계(牛溪) 성혼(成渾), 영의정 박순(朴淳) 등 서인을 대표하는 인물들을 두고 나라를 망치는 소인배라며 극렬히 비판한 것이 문제의 발단이었다. 서인측 인사로 꼽히던 정여립이 태도를 돌변해서 당시 집권당이었던 동인 편에 선 데다 그동안 스승으로 섬겨 왔던 이이와 성혼을 비난의 대상으로 삼았으니, 서인으로서는 분노하지 않을 수 없는 일이었다. 특히 정여립을 후원하던 이이는 1년 전에 이미 세상을 뜬 상황이었다. 서인들의 상소가 빗발치자 선조는 동인의 영수였던 이발(李潑)의 비호가 있음에도 정여립을 벼슬에 기용하지 않았고, 결국 그해 6월 정여립은 고향 전주로 돌아갔다.

4년 뒤인 1589년 10월에 황해도 관찰사 한준(韓準) 등이 정여립의 역모 계획을 고발하면서 '정여립 모반 사건'과 그에 대한 처결인 기축옥사(己丑獄事)가 시작되었다. 고향으로 돌아간 정여립이 호남 일대에서 불만 세력과 노비들을 모아 '대동계'(大同契)라는 군사 조직을 결성하고 황해도까지 세력을 확장했으며 그해 연말에 전라도와 황해도에서 동시에 군사를 일으켜 서울을 점령할 계획을 세웠다는 것이 고발의 요지였다. 정여립은 전라도 진안(鎭安) 죽도(竹島)로 달아났다가 관군의 포위망이 좁혀 오자 자결했다. 정여립 모반 사건은 실체가 있던 반역 모의인지 서인들에 의해 과장 날조된 정치 사건인지 여전히 논의가 분분하다. 그러나 정여립의 자결 이후 서인 측의 송강(松江) 정철(鄭澈)이 주도한 역모 처결, 곧 기축옥사가 크게 일어나 동인 측의 이발·이길(李洁) 형제와 최영경(崔永慶)·백유양(白惟讓) 등이 심문 중에 죽거나 옥사했고, 3년여의 처결 과정에서 1천 명에 달하는 사람이 목숨을 잃었다.

당시 정여립과 가까이 지내던 승려 무업(無業)이 사건에 연루되어 고문을 받던 중 휴정이 역모에 가담했다고 무고하면서 70세의 휴정도 옥에 갇히는 신세가 되었다. 「청허당 행장」에 의하면 선조는 휴정의 초사(招辭: 피의자 진술서)를 읽고 나서 무죄를 확신한 뒤 직접 그린 묵죽(墨竹)에 다음의 시를 써서 내렸다.

붓끝에서 나온 댓잎
뿌리도 땅에서 나오지 않았네.
달빛 비쳐도 그림자 없고
바람이 흔들어도 소리 없네.
葉自毫端出, 根非地面生. 月來無見影, 風動不聞聲.

휴정은 즉석에서 그에 화답하는 시를 지어 올렸다.

소상강의 대나무 한 가지
성주(聖主)의 붓끝에서 태어났네.
산승이 향불 사르는 곳
잎마다 가을 소리 맺히리.
瀟湘一枝竹, 聖主筆頭生. 山僧向爇處, 葉葉帶秋聲.

옥사가 벌어진 이듬해인 1590년 4월에 휴정이 무죄 방면되었다고 했으니 그때의 시일 것이다. 다만 휴정의 하옥 시기가 밝혀지지 않아 감옥에 갇힌 기간은 알 수 없다.

선조와의 만남으로부터 2년 뒤인 1592년에 두 번째 중요한 사건인 임진왜란이 일어났다. 휴정은 의주(義州)로 피난 와 있던 선조의 부름을 받고 행재소(行在所)로 가서 승병의 총지휘관에 해당하는 팔도십육종선교도총섭(八道十六宗禪敎都摠攝)에 임명되었다. 『선조실록』에 의하면 1592년 9월 12일 윤두수(尹斗壽)가 평안도의 고승 휴정에게 알려 군사를 모으자는 건의를 한 것으로 보아 그로부터 얼마 지나지 않은 시기의 일일 것이다. 휴정은 이후 평안도 순안(順安) 법흥사(法興寺)를 본거지로 삼아 1천 5백 명의 승군을 규합했고, 제자 유정도 1천 명의 승군을 이끌고 와서 합세했다. 휴정과 유정이 지휘한 승군은 1593년 1월의 평양성 탈환 전투 등에서 큰 전공을 세웠다. 휴정은 1593년 4월에 서울을 수복하고, 그해 10월 선조가 도성으로 돌아오자 자신의 소임을 다했다고 생각한 듯하다. 제자 유정 등에게 뒷일을 맡기고 묘향산으로 돌아간 것이 1593년 겨울에서 1594년 봄 사이로 추정된다. 1594년 4월에는 유정이 휴정의 뒤를 이어 도총섭의 임무를 수행하고 있었다. 1594년 휴정은 이미 75세의 고령이었다. 선조는 휴정에게 정2품 벼슬을 내렸고, 이정귀(李廷龜)·장유 등 당대의 사대부 문장가로부터 후대의 국왕 정조(正祖)에 이르기까지 수많은 인물들이 휴정의 충절을 기렸다.

4

휴정은 85세 되던 해인 1604년(선조 37) 1월 23일 묘향산 원적암(圓寂庵)에서 마지막 설법을 하고 입적했다. 입적하기 직전 자신의 화상(畫像)에 다음의 글귀를 썼다.

> 팔십 년 전에는 그가 나이더니
> 팔십 년 후에는 내가 그로구나.
> 八十年前渠是我, 八十年後我是渠.

이 말은 휴정의 「박학관에게 답한 편지」(答朴學官書)에서도 인용된 바 있는, 동산(洞山) 양개(良价, 807~869)의 게송과 관련된다. 동산 양개는 당나라의 선승으로 조동종(曹洞宗)의 개창자이다. 동산 양개의 게송은 흔히 「과수게」(過水偈)라는 제목으로 불리는데, 『경덕전등록』(景德傳燈錄)에 실려 있다. 전체를 옮기면 다음과 같다.

밖에서 찾지 말라
나로부터 아득히 멀어질 뿐이니.
지금 홀로 나 스스로 가면
곳곳마다 그를 만나리.
그가 바로 지금의 나이지만
지금의 나는 그가 아니라네.
이렇게 깨달아야
진여(眞如)와 하나 되리.

切忌從他覓, 迢迢與我疏. 我今獨自往, 處處得逢渠.
渠今正是我, 我今不是渠, 應須恁麼會, 方得契如如.

『경덕전등록』에서는 동산 양개가 강을 지나다가 물에 비친 그림자를 보고 크게 깨쳐 이 게송을 지었다고 했다. 무엇을 깨쳤는가? 이에 앞서 동산 양개가 스승 운암(雲巖) 담성(曇晟, 781~841)에게 "스님께서는 백 년 뒤에 문득 어떤 사람이 '스님의 참모습을 그릴 수 있습니까?'라고 묻는다면 어찌 대답하시겠습니까?"라고 물었다. 운암 담성은 "바로 이것이다"라고 답하고 한참 동안 가만히 있더니 "알고 싶으면 아주 자세히 살펴봐야 한다"라고 했다. 동산 양개는 무슨 뜻인지 알 수 없었는데, 강을 건너다가 물에 비친 자신의 그림자를 보고 스승의 뜻을 깨달았다고 했다. 『경덕전등록』에는 더 이상 자세한 설명이 없지만, 추측해 보자면 운암 담성은 한참 동안 말 없이 앉아 있는 자신의 모습이 '지금 이 순간 나의 참모습'이니 잘 보아 두라고 했던 것이 아닐까 한다. 참모습은 순간순간 포착되는 것일 뿐 고정되어 있지 않다.

휴정은 임종을 앞두고 "지금의 나는 그가 아니라네"라는 동산 양개의 게송을 뒤집어 '지금의 내가 그'라고 했다. 동산 양개가 끝없이 변화하는 '불일'(不一)을 말했다면 휴정은 진상과 허상, 지금의 나와 과거의 나, 나와 남 또한 둘이 아니라는 '불이'(不二)를 말한 것이 아닌가 한다.

5

『선가귀감』은 휴정이 불경과 선승의 어록(語錄)에서 선불교의 핵심 어구를 뽑아 만든 책이다. 그저 본문만 제시한 것이 아니라 휴정 자신이 본문 조목마다 때로는 상세한, 때로는 간결한 주해를 달고, 일부 조목에는 게송을 붙였다.

유정이 1579년 간행 한문본에 붙인 발문에 의하면 이 책은 휴정이 묘향산에서 10년 머무는 동안 50여 권의 경론(經論)과 어록에서 공부에 긴요한 말을 뽑아 만든 것이라고 했다. 지금까지의 번역 연구 성과에 역자가 새로 밝힌 출처를 더하면 본 역서를 기준으로 전체 152조목의 본문 중 136조목의 출전이 확인되고, 4조목은 내용 일부의 출전만 확인된다. 조목 145 이하의 네 조목은 휴정 자신의 말로 추정되는바, 지금까지 출전이 전혀 확인되지 않는 조목은 8개 정도다.

『선가귀감』에서는 어떤 글이 많이 인용되었을까? 이를 살펴보면 휴정이 중시한 책과 선승을 알 수 있다. 현재 본문의 출처가 확인된 글은 대략 불경이 11편, 논(論)이 10편, 어록과 기타 글이 30편으로 총 51편이어서(몇몇 조목의 경우 지금까지 확인된 것보다 앞선 원출전이 발견될 여지가 있으므로 현재의 숫자는 향후 다소 가감될 수 있다) 50여 권의 경론과 어록에서 글을 뽑았다는 유정의 말에 부합한다.

불경 11편 중 가장 많은 글이 뽑힌 것은 『원각경』과 『능엄경』으로 각각 9회, 8회 인용되었다. 당나라의 선승 규봉(圭峯) 종밀(宗密, 780~841)이 『원각경』을 주해한 책인 『원각경 약소』(圓覺經略疏)도 7회나 인용되어 『원각경』이 가장 중시된 불경임을 알 수 있다. 그 뒤를 이은 것은 각 3회 인용된 『유마경』(維摩經)과 『화엄경』이다. 10편의 논 중에서는 중국 선종의 제5조 홍인(弘忍)이 저술한 「최상승론」(最上乘論)이 5회로 가장 많이 인용되었다.

어록 등의 글에서는 규봉 종밀의 『법집별행록절요』(法集別行錄節要)가 단연 돋보인다. 무려 18회나 인용되어 『선가귀감』을 통틀어 가장 중시된 책이라 할 수 있다. 그 뒤를 이은 책은 7회 인용된 『육조단경』(六祖壇經)과 『서장』(書狀), 6회 인용된

『전심법요』(傳心法要), 5회 인용된 『완릉록』(宛陵錄), 4회 인용된 『벽암록』(碧巖錄), 3회 인용된 『선원제전집도서』(禪源諸詮集都序)이다. 이밖에 주요 선승들의 행적을 망라한 『경덕전등록』 등에서 당나라의 선승 대주(大珠) 혜해(慧海)의 말을 7회나 인용한 점도 특기할 만하다. 『육조단경』은 오조(五祖) 홍인의 제자인 육조(六祖) 혜능(慧能, 638~713)의 행적과 설법을 기록한 책이다. 『전심법요』와 『완릉록』은 모두 당나라의 선승 황벽(黃檗) 희운(希運, ?~850)의 어록에 해당한다. 『서장』과 『선원제전집도서』는 모두 송나라의 선승 대혜(大慧) 종고(宗杲, 1089~1163)의 책이다. 휴정은 송나라 임제종의 선승 대혜 종고와 고봉(高峯) 원묘(原妙, 1238~1295)의 영향을 받은 벽송(碧松) 지엄(智嚴)에서 부용 영관으로, 부용 영관에서 자신으로 이어진 법맥을 언급한 바 있는데, 그 한 면모가 『선가귀감』에 드러나 있다. 고봉 원묘의 글은 본문 두 조목에 뽑혀 있다.

유정의 발문에 의하면 휴정은 『선가귀감』 편찬에 앞서 이 책에 수록된 글들을 제자들에게 가르친 바 있었고, 근기(根機)가 둔한 몇몇 제자들이 본문을 이해하지 못해 근심하는 것을 가엾게 여겼기에 매 조목 본문마다 주해를 다는 작업을 했다. 휴정의 주해가 본문보다 이해하기 어려운 경우도 간혹 있지만 대개는 본문의 주요 용어를 풀이하고 관련 사례와 어구를 들어 본문 이해의 폭을 넓혀 주는 본연의 역할을 다한 것으로 보인다. 휴정은 주해에서도 많은 글을 인용했는데, 현재 불경 12편, 논 4편, 어록과 기타 글 30편, 총 46편의 글이 확인된다. 주해에서 중시된 책은 5회 인용된 『선원제집도서』이다. 본문과 주해를 합해서 중복을 피해 계산해 보면 『선가귀감』에서 인용된 글은 불경 17편, 논 11편, 어록과 기타 글 43편으로 총 71편에 이른다.

요컨대 『선가귀감』의 편집 과정에서 휴정이 가장 중시한 불경은 『원각경』과 『능엄경』이고, 오조 홍인과 육조 혜능 이후 규범으로 삼을 이로 당나라의 대주 혜해, 규봉 종밀, 황벽 희운, 송나라의 대혜 종고를 꼽았다. 휴정의 생각은 임제종을 정통으로 삼아 선종의 우위 아래 교종을 아우르고자 한 것으로 요약되며, 당대 불교에서 휴정이 차지한 절대적 위치를 감안할 때 조선 후기 선승들의 공부 방향 또한 이 범위를 크게 벗어나지 않았을 것으로 추정된다. 『선가귀감』 이후 『원각경』과 『능엄경』, 규봉 종밀과 대혜 종고 등의 저술을 경유하여 초기 불경으로 나아가는 것은 당대 조선 불교에 대한 이해는 물론 오늘날의 불교 공부에도 하나의 유용한 방편이 아닐까 한다.

6

휴정은 『선가귀감』 서문에서 보배로 여길 것은 오직 부처의 말씀과 행실뿐이나 대장경의 세계가 너무 드넓어 출발점을 찾기 어려운바, 불경 가운데 중요하고 절실한 구절을 뽑아 이 책을 만들었다고 했다. 휴정은 좋은 글을 뽑아 단순히 나열하지 않고 느슨하면서도 조목 간의 연관을 고려한 체제를 구상했다. 크게 네 부분으로 나눌 수 있는데, 본서에서는 휴정이 주해에서 언급한 체제 관련 내용과 의미 맥락을 고려해 네 영역을 다시 총 14장으로 세분해 보았다.

본서의 1장은 총론에 해당한다. 여기서 '마음'이라고 이름을 붙여도 옳지 않다는 '무엇'이 책 전체의 화두로 제시되었다.

2장에서는 '선'(禪)과 '교'(敎)에 관한 논의를 폈다. '선'과 '교'를 분변하되 하나로 아우르다가 결국 '선'의 길로 결단하는데, 그 핵심은 "'선'은 부처의 마음이고, '교'는 부처의 말씀이다"라는 말과 '교(敎)의 뜻을 놓고 오직 이 순간 자기 마음에 드러난 일념으로 선(禪)의 주된 뜻을 자세히 참구하면 출신활로를 얻을 수 있다'라는 구절에 있다.

3장부터 13장까지는 참선의 방법, 수행의 방법에 관한 내용이다. 3장에서는 화두를 참구함으로써 깨침에 이른다는 간화선(看話禪)의 세계를 다루었고, 4장에서는 미혹의 본질을 논했다. 5장에서는 돈오(頓悟) 이후에 점수(漸修)해야 하는 이유, 6장에서는 환을 떠난 진리의 세계를 논했다. 7장에서는 삼보(三寶)의 의미를 밝히고, 8장에서는 수행의 계율을 명시했다. 9장에서는 좌선(坐禪)을 통해 이르는 청정세계, 10장에서는 동요하지 않는 정진(精進)을 논했다. 11장에서는 자신을 향한 공부를 역설하고, 12장에서는 수행자의 그른 자세를 낱낱이 질타했으며, 13장에서는 외물을 좇지 않는 곧은 마음에 진리의 길이 있음을 거듭 말했다.

14장에는 앞에서 이어지는 수행의 방법과 이 책 전체의 마무리에 해당하는 내용을 함께 묶었다. 선승들의 병을 논한 조목이 앞 조목의 내용을 이으면서 '자유인'의 경지를 말하는 내용으로 옮아 가고, '자유인'을 징검다리 삼아 책 전체를 마무리하는 마지막 두 조목에 이르렀다. 일체의 분별을 다 놓고 집착에서 벗어나 내 안의 신령한 빛을 꿰뚫어 보라는 것이 결론이다.

7

사람은 누구나 불성을 지녔다. 밖에서 찾지 말라. 집착으로부터 벗어나야 내 안의 불성을 볼 수 있다. 구제할 중생이 없다. 부처의 말씀도 마업(魔業)이다. 부처를 만나면 부처를 죽여라.

역자는 이런 말들이 좋아 불교를 오랫동안 친근하게 여겨왔다. 『선가귀감』을 불교 공부의 출발점으로 삼아 보겠다고 마음먹었던 것도 벌써 10여 년 전의 일이다. 그러나 여전히 불교 문외한에 가까운 역자로서는 『선가귀감』을 현대어로 옮기고 풀이하는 일이 까다롭고 버거웠다. 당초 계획보다 몇 배의 시간을 들인 끝에 부족한 대로 『선가귀감』 번역을 일단 마무리한다. 여전히 막막한 점이 많지만 역자는 이번 작업을 통해 불교 공부를 어떻게 해야 할지, 『선가귀감』에 이어 어떤 책을 읽고 어떤 고민을 할지 조금은 얻은 바가 있다.

불경으로부터 연구서에 이르기까지 불교 책은 일반적으로 어렵다. 우선 본문의 의미를 생각하기 전에 알고 있어야 할 낯선 불교 용어가 많다. 오온(五蘊), 육근(六根), 팔정도(八正道), 팔풍(八風), 십신위(十信位), 사무량심(四無量心), 삼무루학(三無漏學), 사상(四相), 사빈주(四賓主), 삼세(三細)와 육추(六麤), 성문(聲聞)과 연각(緣覺) 등이 그렇다. 그 만만치 않은 말들의 숲을 헤치고 나가다 보면 "불 속의 얼음"이며 "'유무'(有無)의 '무'(無)도 아니고, '진무'(眞無)의 '무'도 아니다", "하나도 아니요 둘도 아니다"(같지도 않고 다르지도 않다) 등의 합리적 이성으로 납득되지 않는, 허공에서 그림자를 잡는 듯한 문장의 벽에 직면하게 된다. 도무지 이해하기 어려운 화두와 선문답의 세계에 이르면 '무의미'의 한 극단에 위태롭게 서 있는 듯한 느낌마저 든다(어떤 선문답들은 분명 매너리즘의 혐의가 느껴지기도 한다). 부처의 가르침을 어렵고 복잡하게 이해하는 것은 본질로부터 어긋난 길이라고 감히 생각하는 역자는 휴정의 뜻에 어긋남에도 이 책의 문장들을 분석적으로, 다시 말해 '분별하는 마음'으로 이해하고 그에 바탕하여 최대한 쉽게 옮겨 보려 했다. 그러나 당초의 기대에 걸맞은 성과를 얻지 못한 것은 불교에 대한 역자의 낮은 이해도 때문일 것이다. 공부를 쌓아 다음 번역에서 다시 한 번 시도해 보고자 한다.

휴정에 의하면 부처의 말씀과 조사(祖師)의 말씀은 공부의 끝이 아니다. '문자로부터 벗어난 한마디 말'에 이르는 공부의 시작일 뿐이다. 이 공부를 시작하는 데 본 역서가 쓸모 있었으면 한다.

휴정(休靜, 1520~1604) 연보

1520년(중종 15), 1세 — 3월 26일, 평안도 안주에서 최세창(崔世昌, 1474~?)과 한남(漢南) 김씨(1474~?)의 4남 1녀 중 늦둥이 막내로 태어나다. 속성(俗姓)은 완산 최씨, 이름은 여신(汝信)이다.

1522년(중종 17), 3세 — 사월 초파일 부친의 꿈에 한 노인이 나타나 작은 사문(沙門: 승려)을 찾아왔다며 휴정의 머리를 어루만지고 '운학'(雲鶴)이라는 이름을 지어 주다. 이에 운학을 아명으로 삼다.

1528년(중종 23), 9세 — 어머니를 여의다.

1529년(중종 24), 10세 — 아버지를 여의다. 무관이면서 시에 능했던 안주 목사 이사증(李思曾)이 휴정의 문재(文才)를 높이 평가해 서울로 데려가다. 이후 사부학당(四部學堂), 혹은 성균관에서 수학하다.

1534년(중종 29), 15세 — 과거 낙방 후 지리산 유람 중에 불경을 읽다. 승려 숭인(崇仁)에게 『화엄경』(華嚴經)·『원각경』(圓覺經)·『능엄경』(楞嚴經) 등의 불경과 『전등록』(傳燈錄)을 받아 읽기 시작하다. 당대의 고승인 부용당(芙蓉堂) 영관(靈觀, 1485~1571)에게 가르침을 받다.

1540년(중종 35), 21세 — 선승 경성(敬聖) 일선(一禪, 1488~1568)에게 계(戒)를 받고 출가하다. 이후 지리산 삼철굴(三鐵窟)에서 3년, 대승암(大乘庵)에서 2년 동안 수행하고, 의신암(義神庵)·원통암(圓通庵) 등에 머물다.

1545년(인종 1), 26세 — 「영성 북촌」(榮城北村) 시를 쓰다. '영성'은 충북 옥천(沃川)으로 추정된다.

1546년(명종 1), 27세 — 오대산과 금강산의 여러 암자에서 수행하다.

1549년(명종 4), 30세 — 「지리산 쌍계사 중창기」(智異山雙谿寺重創記)를 쓰다.

1550년(명종 5), 31세 — 금강산에 머물며 「선교게어」(禪敎偈語)를 짓다.

1551년(명종 6), 32세 — 「금강산 장안사의 새 종에 새긴 명」(金剛山長安寺新鑄鍾銘)을 쓰다.

1552년(명종 7), 33세 – 승과(僧科)에 합격하다. 심의(沈義, 1475~1551)의 딸이 부친의 극락왕생을 빌며 『법화경』을 새로 판각하자 「새로 간행하는 『연경』 발문」(新刊蓮經跋)을 쓰다.

1553년(명종 8), 34세 – 「풍악산 돈도암기」(楓岳山頓道庵記)를 쓰다.

1554년(명종 9), 35세 – 25년 만에 고향 안주를 찾아 「환향」(還鄕) 시를 쓰다.

1555년(명종 10), 36세 – 여름에 교종(敎宗)을 관장하는 판교종사(判敎宗事)가 되고, 가을에 선종(禪宗)을 관장하는 판선종사(判禪宗事)까지 겸임하다. 이 무렵 대사헌, 홍문관 부제학을 지내던 윤춘년(尹春年, 1514~1567)과 친밀하게 지내다. 「봉은사기」(奉恩寺記)를 쓰다.

1556년(명종 11), 37세 – 봄에 「마도에서 배를 타고 청평산으로 들어가다」(泛舟麻渡入淸平山), 가을에 「박학사 계현, 조처사 욱과 함께 저자도에서 놀다」(朴學士啓賢趙處士昱同遊楮子島) 시를 쓰다. 당시 박계현(朴啓賢, 1524~1580)은 사가독서(賜暇讀書)를 마치고 명나라에 서장관(書狀官)으로 다녀왔다.

1557년(명종 12), 38세 – 새해에 사직을 허락받지 못하고 「입춘」(立春) 시를 쓰다. 겨울에 판선종사를 사직하고 금강산을 향해 떠나다. 청평산으로 가는 도중 「관탄즉사」(冠灘即事) 시를 쓰다.

1558년(명종 13), 39세 – 가을에 지리산으로 가다. 사직 당시의 마음을 피력한 「자락가」(自樂歌)를 쓰다. 지리산 내은적암(內隱寂庵)에 3년 머물다. 이 무렵 「내은적암」(內隱寂) 시를 쓰다.

1560년(명종 15), 41세 – 벽송(碧松) 지엄(智嚴, 1464~1534)의 일생을 기록한 「벽송당 대사 행적」(碧松堂大師行蹟)을 짓다. 휴정은 이 글에서 송나라 임제종의 선승 대혜(大慧) 종고(宗杲, 1089~1163)와 고봉(高峯) 원묘(原妙, 1238~1295)의 영향을 받은 벽송 지엄에서 부용 영관을 거쳐 자신으로 이어진 선불교의 계통을 밝혔다. 「두류산 내은적암을 새로 짓기 위해 모연한 글」(頭流山內隱寂新構募緣文)을 쓰다.

1561년(명종 16), 42세 — 지리산 황령암(黃嶺庵)·칠불암(七佛庵) 등에서 3년 머물다.

1564년(명종 19), 45세 — 봄에 「두류산 신흥사 능파각기」(頭流山神興寺凌波閣記)를 쓰다. 여름에 금강산 백화암(白華庵)에 머물며 『선가귀감』의 서문을 쓰다. 이후 태백산·오대산·금강산을 오가다. 『선가귀감』과 함께 '삼가귀감'(三家龜鑑)으로 묶이는 『유가귀감』(儒家龜鑑)과 『도가귀감』(道家龜鑑)도 이 무렵 완성했을 것으로 추정된다.

1567년(명종 22), 48세 — 묘향산에 머물다. 명종(明宗)이 승하하자 가을에 「심대비(인순왕후仁順王后)를 대신하여 대왕을 천도한 글」(代沈大妃薦大王疏)을 쓰다.

1568년(선조 1), 49세 — 휴정에게 수계(授戒)한 경성 일선 선사가 입적하다. 그 일생을 기록한 「경성당 선사 행적」(敬聖堂禪師行蹟)을 묘향산에서 쓰다.

1569년(선조 2), 50세 — 『선가귀감』 한글본이 묘향산 보현사(普賢寺)에서 간행되다.
이 무렵 자신의 일생을 회고한 「완산 노부윤에게 올린 편지」(上完山盧府尹書)를 쓰다. '완산 노부윤'은 당시 전주 부윤을 지내던 옥계(玉溪) 노진(盧禛, 1518~1578)이다.

1570년(선조 3), 51세 — 이 무렵 스승 숭인이 지리산에서 입적하다. 숭인을 함께 모시던 사제(師弟) 수(壽) 선사가 묘향산으로 찾아와 이후 4년 동안 함께 지내다. 여름에 「묘향산 보현사의 새 종에 새긴 명」(妙香山普賢寺新鑄鍾銘)을 쓰고, 가을에 「묘향산 원효암기」(妙香山元曉庵記)를 쓰다. 「태백산 상선암기」(太白山上禪庵記)를 쓰며 일선 선사를 추모하다.

1571년(선조 4), 52세 — 스승 영관이 지리산에서 입적하다. 뒤늦게 부음을 듣고 「백운산과 두류산의 여러 법제(法弟)들에게 양해를 구하는 편지」(謝白雲頭流諸法弟書)를 쓰다.

1572년(선조 5), 53세 – 「임신년 가을에 정동경을 추억하다」(壬申秋憶鄭同庚) 시를 쓰다. '정동경'은 동갑내기 친구인 정승복(鄭承復, 1520~1580)으로 추정된다. 무관으로 옥구 현감, 함흥 판관을 지냈다.

1575년(선조 8), 56세 – 「묘향산 법왕대와 금선대 두 암자에 붙인 기문」(妙香山法王臺金仙臺二庵記)을 쓰다.

1576년(선조 9), 57세 – 묘향산에서 「부모님 제문」(祭父母文)을 쓰다.

1577년(선조 10), 58세 – 영관의 일생을 기록한 「부용당 행적」(芙蓉堂行蹟)을 쓰다.

1579년(선조 12), 60세 – 유정(惟政, 1544~1610)과 의천(義天) 등이 교정하고 유정이 발문을 쓴 『선가귀감』 한문본이 묘향산에서 간행되다.

1580년(선조 13), 61세 – 설날에 「옥계자에게 올린 편지」(上玉溪子)를 쓰다. '옥계자'는 정승복의 호이다. 안동에 들러 「용두산 용수사 극락전기」(龍頭山龍壽寺極樂殿記)를 쓰다.

1581년(선조 14), 62세 – 백암산 불귀사(佛歸寺)에서 「오대산 일학 장로에게 부친 편지」(寄五臺山一學長老)를 쓰다. 도요(道遙) 태능(太能, 1562~1649)이 묘향산에 와서 가르침을 받다.

1586년(선조 19), 67세 – 유정 등이 『금강경오가해』(金剛經五家解)를 가지고 와 불법을 묻다. 이에 대한 대답을 정리하여 『선교석』(禪敎釋)을 짓다.

1589년(선조 22), 70세 – 10월에 정여립(鄭汝立)의 역모 사건이 일어나다. 휴정은 이에 가담했다는 무고를 받아 하옥되었다가 무죄가 밝혀져 이듬해 4월 석방되다. 이때 선조(宣祖)가 직접 그린 묵죽(墨竹)을 선물 받고 「선조대왕이 어필 묵죽을 하사하며 시를 짓도록 명하시매 즉석에서 절구 한 편을 짓다」(宣祖大王賜御筆墨竹, 仍命製詩, 立進一絶) 시를 쓰다.

1592년(선조 25), 73세 – 임진왜란이 일어나다. 의주(義州)로 피난 와 있던 선조의 부름을 받고 행재소(行在所)에서 만나 승병의 총지휘관에 해당하는 팔도십육종선교도총섭(八道十六宗禪敎都摠攝)에 임명되다. 순안(順安) 법흥사(法興寺)를 본거지로 삼아 유정과 함께 2,500여 명의 승군을 지휘하여 평양성 탈환 전투 등에서 큰 전공을 세우다.

1594년(선조 27), 75세 – 사직을 청하고 묘향산으로 돌아가다. 선조가 정2품 벼슬을 내리고 존호(尊號)를 더하다.

1598년(선조 31), 79세 – 설봉산(雪峯山) 석왕사(釋王寺)에서 「석왕사기」(釋王寺記)를 짓다.

1603년(선조 36), 84세 – 금강산 유점사(楡岾寺)에서 유정을 만나다. 태백산 정암사(淨巖寺)에 석가세존의 진신사리를 봉안하며 석가세존의 일생을 서술한 「사바교주 석가세존 금골사리 부도비」(娑婆敎主釋迦世尊金骨舍利浮圖碑)를 쓰다.

1604년(선조 37), 85세 – 1월 23일, 묘향산 원적암(圓寂庵)에서 마지막 설법을 하고, 자신의 화상(畫像)에 "팔십 년 전에는 그가 나이더니/팔십 년 후에는 내가 그로구나"(八十年前渠是我, 八十年後我是渠)라는 글을 쓴 뒤 입적하다. 묘향산 안심사(安心寺)와 금강산 유점사에 부도를 세우고 사리를 봉안하다.

1612년(광해군 4) – 시문집 『청허당집』(淸虛堂集)이 간행되다. 문집 편찬을 주도했으나 미처 간행되기 전에 세상을 뜬 사명당 유정의 유지를 받들어 허균(許筠, 1569~1618)이 서문을 쓰다.

1630년(인조 8) – 『청허당집』이 삭녕(朔寧) 용복사(龍腹寺)에서 증보 간행되다. 휴정의 제자 보진(葆眞) 등의 요청을 받아 이식(李植, 1584~1647)과 신익성(申翊聖, 1588~1644)이 서문을 쓰다.

1631년(인조 9) – 휴정의 제자 쌍흘(雙仡) 등의 요청을 받아 장유(張維, 1587~1638)가 「청허당대사 비명」(淸虛堂大師碑銘)을 쓰다.

1789년(정조 13) – 해남 대흥사(大興寺)에 표충사(表忠祠)를 세워 휴정과 그 제자 유정·처영(處英)의 충정을 기리다. 정조(正祖)가 표충사에 친필 편액을 내리다.

1794년(정조 18) – 정조가 묘향산 보현사에 휴정의 사당을 짓고 수충사(酬忠祠)라는 이름을 내리다. 정조가 4월 초파일에 「서산대사 화상당명」(正宗大王御製西山大師畵像堂銘)과 「수충사 사제문」(酬忠祠賜祭文)을 써서 휴정의 공적을 기리다.

찾아보기

| ㄱ |

가섭(迦葉) 25, 31, 41~43, 192

『가태보등록』(嘉泰普燈錄) 164, 319

간화선(看話禪) 93, 119, 356

『경덕전등록』(景德傳燈錄) 28, 55, 70, 86, 98, 104, 116, 121, 129, 136~138, 146, 149, 159, 162, 164, 186, 201, 227, 250, 273, 293, 297, 299, 307, 311, 320, 322, 325, 333, 335, 351, 352, 354

고령(古靈) 신찬(神贊) 246

고봉(高峯) 원묘(原妙) 89, 90, 354

『고봉원묘선사어록』(高峯原妙禪師語錄) 89, 90, 101, 148

공자(孔子) 29, 314

공적(空寂) 53, 119, 120, 154, 298~300

곽산(霍山) 경통(景通) 327

『관불삼매해경』(觀佛三昧海經) 333

교범파제(憍梵波提) 276

교종(敎宗) 26, 43, 63, 65, 67, 75, 345~347, 355

규봉(圭峯) 종밀(宗密) 41, 52, 57, 65, 126, 135, 139, 152, 155, 160, 161, 166, 169, 189, 195, 353, 355

근기(根機) 22, 33, 67, 69, 70, 77, 78, 239, 295, 314, 354

『금강경』(金剛經) 176, 206, 212, 213, 315, 316

『금강경오가해』(金剛經五家解) 28, 189

금화도인(金華道人) 341

| ㄴ |

나가르주나(Nāgārjuna) 72, 76, 239

나옹(懶翁) 혜근(惠勤) 236

나은(羅隱) 265

나찬(懶瓚) 47

『남명천화상송증도가』(南明泉和尙頌證道歌) 84, 166, 305, 314, 324, 333, 336

『남명천화상송증도가사실』(南明泉和尙頌證道歌事實) 84

남악(南嶽) 회양(懷讓) 27, 227, 325, 326

남양(南陽) 혜충(慧忠) 149

『노자』(老子) 26, 29, 272

『능가경』(楞伽經) 63, 145, 296

『능엄경』(楞嚴經) 50, 51, 53, 66, 69, 129, 133, 135, 185, 191, 219, 270, 271, 290, 345, 355

『능엄경 주소』(楞嚴經註疏) 219

| ㄷ |

단하(丹霞) 천연(天然) 333

달관(達觀) 담영(曇穎) 295

달마(達磨) 27, 30, 32, 43, 44, 63, 67, 70, 71, 73, 75, 76, 86, 103, 187, 221, 223, 324, 336

『대살차니건자소설경』(大薩遮尼乾子所說經) 187

대승(大乘) 67, 69, 70, 185
『대승기신론』(大乘起信論) 58, 63, 170, 239
『대승기신론소필삭기』(大乘起信論疏筆削記) 102, 123
대양(大陽) 경현(警玄) 31
『대장엄론경』(大莊嚴論經) 189, 221
대주(大珠) 혜해(慧海) 55, 104, 121, 129, 146, 162, 222, 250, 354, 355
『대지도론』(大智度論) 72, 260, 262, 275, 306
대혜(大慧) 종고(宗杲) 36, 89, 91, 93, 96, 97, 99, 106, 107, 114, 181, 258, 269, 280, 307, 308, 310, 326, 354, 355
덕산(德山)→덕산(德山) 선감(宣鑑)
덕산(德山) 선감(宣鑑) 327, 329, 330
도녕(道寧) 319
도신(道信) 103
돈교(頓敎) 67, 69, 70, 75, 243
돈오(頓悟) 33, 59, 77, 78, 122, 127, 134, 141, 152, 153, 169, 177, 243, 329, 356
동산(洞山) 양개(良价) 75, 83, 293, 322, 326, 351, 352
동안(同安) 상찰(常察) 329
득통(得通) 기화(己和) 28
「등측규식」(登厠規式) 286, 287

| ㅁ |

마(魔) 31, 55~57, 101
마명(馬鳴) 239
마업(魔業) 31, 357
마조(馬祖)→마조(馬祖) 도일(道一)
마조(馬祖) 도일(道一) 45, 116, 227, 318, 324~327
『마하반야바라밀경』(摩訶般若波羅蜜經) 72, 173
말후구(末後句) 320, 321
망기(忘機) 55
『몽산법어』(蒙山法語) 89, 94, 118
묘각(妙覺) 52, 68, 318, 319
『무량수경』(無量壽經) 235, 236
무문(無門) 혜개(慧開) 87, 92
『무문관』(無門關) 87, 92, 321
무생(無生) 47, 48, 52, 109, 305, 329
무착(無著) 문희(文喜) 327
묵조선(默照禪) 93, 119
문수보살(文殊菩薩) 53, 61, 133, 134, 203, 204, 329

| ㅂ |

바라밀(波羅密) 169~171
박산(博山) 무이(無異) 291
반산(盤山) 보적(寶積) 45, 307
반야(般若) 28, 36, 106, 119, 133, 170, 330
『반야경』(般若經)→『금강경』(金剛經)
『방광대장엄경』(方廣大莊嚴經) 221
방온(龐蘊) 318

방편(方便) 34, 66, 128, 163, 177, 187, 235, 293, 314, 325, 326, 355
백운(白雲) 수단(守端) 92, 311, 326
『백운화상어록』(白雲和尙語錄) 199, 311
백장(百丈)→백장(百丈) 회해(懷海)
백장(百丈) 회해(懷海) 36, 159, 246, 324~327, 335
범마정덕(梵摩淨德) 274
『범망경』(梵網經) 277, 278
범부(凡夫) 27, 36, 49, 126, 127, 162, 181, 193, 227, 231, 295, 311, 336
『법구경』(法句經) 172, 173, 217
법안(法眼) 문익(文益) 327
법안종(法眼宗) 103, 324, 327, 328
『법언』(法言) 267
『법집별행록』(法集別行錄) 57, 67
『법집별행록절요』(法集別行錄節要) 57, 65, 72, 77, 107, 119, 122, 126, 139, 143, 151, 153, 160, 171, 183, 213, 215, 245, 246, 353
법창(法昌) 의우(倚遇) 275
『법화경』(法華經) 67, 173, 203, 216, 260, 264
『법화경 요해』(法華經要解) 160, 203
『법화문구』(法華文句) 216
벽송(碧松) 지엄(智嚴) 354
『벽암록』(碧巖錄) 43, 73, 76, 83, 93, 120, 199, 217, 299, 309, 330, 334, 354
변재(辨才) 원정(元淨) 285
보당(保唐) 무주(無住) 201
보령(保寧) 인용(仁勇) 208
보리(菩提) 28, 51, 67~69, 73, 169, 187
보수(寶壽) 45, 46
보우(普雨) 346
보현보살(普賢菩薩) 133, 134, 329
본지풍광(本地風光) 307, 308
부대사(傅大士) 213
부용(芙蓉) 영관(靈觀) 345, 354
부휴(浮休) 선수(善修) 330
분주(汾州) 무업(無業) 116, 217, 311
『불설우전왕경』(佛說優塡王經) 191
불성(佛性) 26, 28, 46, 51, 57, 58, 63, 66, 68, 69, 86, 87, 91, 99, 108, 115, 134, 164, 172, 181, 208, 217, 221, 307, 308, 319, 357
『불유교경』(佛遺教經) 195, 212, 262, 288
『불유교경주』(佛遺教經註) 189, 202, 264

| ㅅ |

사공(司空) 본정(本淨) 141, 143
사대(四大) 71, 113~117, 313
사마(四魔) 105, 298
사무량심(四無量心) 169, 357
사상(四相) 315, 316, 357
사성제(四聖諦) 69, 149, 206, 245
『사십이장경』(四十二章經) 192, 195, 257,

264
『사익경』(思益經) 53
산당(山堂) 도진(道震) 266
삼독(三毒) 148, 202
삼보(三寶) 172, 174, 356
삼세(三細) 57, 357
삼악도(三惡道) 147, 282
삼장(三藏) 244, 248
삼학(三學) 182, 185, 186, 195, 196
서산대사(西山大師)→휴정(休靜)
『서장』(書狀) 36, 91, 96, 99, 100, 106, 107, 114, 120, 181, 269, 280, 308, 310, 322, 335, 353, 354
석가(釋迦)→석가세존(釋迦世尊)
석가세존(釋迦世尊) 25, 26, 29, 31, 32, 41~43, 51, 53, 60, 61, 68, 69, 76, 99, 129, 133, 138, 173, 185, 187, 191, 203, 212, 238, 266, 270, 276, 314, 318~320, 334
석두(石頭) 희천(希遷) 326
『선교석』(禪敎釋) 74
『선림보훈』(禪林寶訓) 258, 266, 282, 309
『선림승보전』(禪林僧寶傳) 31
『선문보장록』(禪門寶藏錄) 74
『선문염송』(禪門拈頌) 67, 297~299, 311, 323, 334
『선원제전집도서』(禪源諸詮集都序) 41, 72, 161, 169, 193, 195, 238, 243, 336, 354
선정(禪定) 102, 116, 143, 170, 176, 177, 182, 193~195, 215
선종(禪宗) 25~27, 43, 63, 65, 71, 89, 103, 202, 345~347, 353, 355
『선종영가집』(禪宗永嘉集) 89, 259, 285
설두(雪竇) 중현(重顯) 43, 259, 316, 327, 334
설봉(雪峯) 의존(義存) 327
『섭대승론』(攝大乘論) 69
성문(聲聞) 162, 206, 248, 297, 298, 318, 357
성문승(聲聞乘) 149, 206, 295
세존(世尊)→석가세존(釋迦世尊)
소승(小乘) 67, 69, 149, 185, 207, 295
소옹(邵雍) 314
수상문(隨相門) 177
『수심결』(修心訣) 59, 124, 151, 218
순경계(順境界) 280
승우(僧佑) 233
승찬(僧璨) 202
식정(識情) 96, 103
신수(神秀) 26, 127
신회(神會)→하택(荷澤) 신회(神會)
심문(心聞) 담분(曇賁) 309
『심법요초』(心法要抄) 71, 78
「심사명」(心師銘) 285
『십현담』(十玄談) 329

| ㅇ |

아난(阿難) 29, 42, 43, 71, 185, 191
아난다(阿難陀)→아난(阿難)
아미타(阿彌陀) 58, 223, 229, 230, 235~238
아미타불(阿彌陀佛)→아미타(阿彌陀)
앙산(仰山) 혜적(慧寂) 137, 138, 327
야운(野雲) 각우(覺玗) 214, 273
약산(藥山) 유엄(惟儼) 326
역경계(逆境界) 280
연각(緣覺) 206, 207, 249, 357
연각승(緣覺乘) 149, 150, 206, 295
연기(緣起) 64, 122, 133, 134, 147, 150, 206, 207, 248, 329
연야달다(演若達多) 49~51
『열반경』(涅槃經) 137, 138, 172, 173, 183, 212, 285
영가(永嘉) 현각(玄覺) 84, 89, 259, 285
영명(永明) 연수(延壽) 103, 239, 241, 253, 269, 318, 328
영취산(靈鷲山) 42, 155, 187
『예념미타도량참법』(禮念彌陀道場懺法) 223, 237
『오등회원』(五燈會元) 247, 298, 316, 319
오역(五逆) 219, 220
오온(五蘊) 104, 313, 357
오욕(五欲) 101, 159
오위(五位) 69, 326, 329
오조(五祖) 법연(法演) 92, 311, 326
오조(五祖) 홍인(弘忍) 127, 215, 216, 227, 233, 252, 354, 355
『완릉록』(宛陵錄) 32, 55, 62, 63, 109, 354
『용서정토문』(龍舒淨土文) 234, 239
우익(藕益) 지욱(智旭) 257
운문(雲門) 문언(文偃) 25, 307~309, 327, 334
『운문록』(雲門錄) 25, 308, 309, 334
운문종(雲門宗) 275, 300, 307, 327, 330
운봉(雲峰) 문열(文悅) 277
운암(雲巖) 담성(曇晟) 322, 326, 351, 352
『원각경』(圓覺經) 52, 53, 67, 100, 116, 133, 153, 155, 163, 172, 182, 191, 193, 205, 230, 301, 315, 345, 353, 355
『원각경 약소』(圓覺經略疏) 52, 126, 135, 139, 140, 152, 155, 163, 164, 166, 353
원교(圓教) 67, 69, 70, 75, 244
원오(圓悟) 극근(克勤) 32, 43, 89, 93, 326
위산(潙山) 영우(靈祐) 98, 137, 138, 288, 293, 327
위앙종(潙仰宗) 137, 324, 327
유마(維摩) 60, 61, 203, 204, 213, 232, 318
『유마경』(維摩經) 58, 61, 67, 203, 232, 290, 332, 336, 353
유정(惟政) 342, 350, 352~354
육근(六根) 101, 235, 357

『육조단경』(六祖壇經) 26, 28, 60, 62, 63, 123, 127, 145, 199, 229, 231, 291, 301, 353, 354
육조(六祖) 혜능(慧能) 26~28, 58, 62, 127, 141, 149, 174, 227, 229, 301, 326, 336, 354, 355
육추(六麤) 57, 357
윤회(輪回) 34, 37, 78, 101, 114, 116, 124, 147, 148, 191, 223, 230, 235, 236, 261
이승(二乘) 149, 295
이통현(李通玄) 141
『인천안목』(人天眼目) 37, 295, 299, 325
일선(一禪) 345
임제(臨濟)→임제(臨濟) 의현(義玄)
임제(臨濟) 의현(義玄) 31, 34, 36, 84, 90, 325, 329, 330, 336
『임제록』(臨濟錄) 31, 34, 49, 56, 124, 144, 172, 174, 305, 330, 332, 336, 337
임제종(臨濟宗) 32, 36, 37, 74, 89, 90, 92, 247, 277, 282, 295, 297, 309, 311, 324~326, 354, 355

| ㅈ |

자각(慈覺) 종색(宗賾) 25, 26, 101, 193, 262
자성(自性) 28, 30, 46, 55, 57, 58, 119, 146, 169, 171, 174, 176, 199, 208, 217, 306
자성문(自性門) 177
자수(慈受) 회심(懷深) 273
『잡아함경』(雜阿含經) 99, 202
장경(長慶) 혜릉(慧稜) 199
『장자』(莊子) 208, 267, 268
적멸(寂滅) 174~176, 203, 313, 336
『전등계보』(傳燈系譜) 42
『전심법요』(傳心法要) 36, 147, 206, 248, 295, 313, 354
점수(漸修) 33, 59, 77, 78, 122, 127, 134, 163, 177, 243, 329, 356
제도(濟度) 32, 34, 46, 53, 114, 172, 176, 233~235, 261
『조당집』(祖堂集) 48, 199, 222, 318, 320
조동종(曹洞宗) 75, 93, 119, 324, 326, 329, 351
조사(祖師) 30~35, 49, 62, 71, 72, 74, 75, 83, 85, 87, 88, 91, 94, 113, 187, 239, 252, 258, 291, 297, 299, 318, 324, 326, 327, 332, 333, 358
조산(曹山) 본적(本寂) 75, 326
조주(趙州)→조주(趙州) 종심(從諗)
조주(趙州) 종심(從諗) 46, 75, 87, 88, 91, 92, 94, 95
『종경록』(宗鏡錄) 103, 141, 260, 318
『좌선의』(坐禪儀) 101, 193
죽암(竹庵) 사규(士珪) 258, 323
중생(衆生) 30, 32~34, 36, 37, 46, 49, 52,

53, 55, 57, 61, 63, 64, 66~70, 99, 101, 115, 121, 124, 125, 129, 133, 134, 136, 146, 148, 169~172, 174~177, 182, 229, 230, 233~237, 261, 262, 275, 282, 299, 301, 315, 316, 318, 327, 357
중생심(衆生心) 57, 146, 171
『중용』(中庸) 320
지눌(知訥) 36, 57~59, 97, 174, 177, 241
지해(知解) 181, 335, 336
『직지심경』(直指心經) 45
징관(澄觀) 107, 136

| ㅊ |

『참법』(懺法) 236, 237
「참선문」(參禪門) 85, 113, 114
천태(天台) 덕소(德韶) 327
청원(青原) 행사(行思) 326
청허당(淸虛堂)→휴정(休靜)
『청허당집』(淸虛堂集) 299, 337, 343
「최상승론」(最上乘論) 215, 216, 227, 233, 252, 353
최초구(最初句) 320, 321
『치문경훈』(緇門警訓) 241, 243, 259, 261, 269, 273, 275, 277, 286~288

| ㅍ |

팔상(八相) 318, 319
팔정도(八正道) 202, 206, 216, 240, 357
팔풍(八風) 114, 115, 159, 357
평전(平田) 보안(普岸) 335

| ㅎ |

하택(荷澤)→하택(荷澤) 신회(神會)
하택(荷澤) 신회(神會) 26, 41, 171, 174, 336
『허공장보살경』(虛空藏菩薩經) 30
「현중명」(玄中銘) 75, 293
혜능(慧能)→육조(六祖) 혜능(慧能)
홍인(弘忍)→오조(五祖) 홍인(弘忍)
『화엄경』(華嚴經) 67~69, 76, 119, 129, 139, 169, 205, 212, 234, 277, 345, 353
『화엄경소』(華嚴經疏) 134
화엄종(華嚴宗) 41, 75, 107
황벽(黃檗)→황벽(黃檗) 희운(希運)
황벽(黃檗) 희운(希運) 32, 36, 48, 55, 62, 63, 109, 206, 248, 295, 313, 324~326,, 354, 355
홍영(洪英) 소무(邵武) 282
회암(晦巖) 지소(智昭) 37, 325
휴정(休靜) 22, 42, 53, 58, 71, 74, 76, 78, 85, 91, 95, 113, 114, 117, 133, 147, 155, 164, 223, 224, 239, 288, 299, 321, 323, 325, 330, 337, 341~355, 358

[illegible]

文玉 水岩 敬信 等 終代

令伊

別里

武非

熟頭 德[illegible]

供養主 海明

林一年

隨緣執務 朴守[illegible]

化主 李景春

萬曆三十八年庚戌三月日全羅道[illegible]開刊